Franz Nikolaus Finck

Über das Verhältnis des baltisch-slavischen Nominalakzents zum Urindogermanischen

Franz Nikolaus Finck

Über das Verhältnis des baltisch-slavischen Nominalakzents zum Urindogermanischen

ISBN/EAN: 9783743485846

Hergestellt in Europa, USA, Kanada, Australien, Japan

Cover: Foto ©Thomas Meinert / pixelio.de

Manufactured and distributed by brebook publishing software
(www.brebook.com)

Franz Nikolaus Finck

Über das Verhältnis des baltisch-slavischen Nominalakzents zum Urindogermanischen

Über das verhältnis

des

baltisch - slavischen nominalaccents

zum

urindogermanischen.

Von

Franz Nikolaus Finck.

Marburg.

N. G. Elwert'sche Verlagsbuchhandlung.

1895

Dem Andenken meines

Vaters

gewidmet.

Wenn ich diesen ersten ernstlichen versuch wissenschaftlicher arbeit dem andenken meines nach einem langen leben noch zu früh verschiedenen vaters widme, und wenn ich mir dabei auch völlig darüber im klaren bin, dass sich s e i n e arbeit auf einem meinem gebiete entlegenen felde bewegt hat, so ist es darum doch nicht nur die vom noch allzuerinnerlichen tode geförderte neigung des sohns, die dazu drängt. Es ist die überzeugung, dass ihm allein die widmung gebührt, und dass er sie, wenn nicht annehmen, so doch anerkennen würde, wenn er noch im leben weilte. Denn mag sich jede hypothese als unhaltbar, jede deutung als falsch herausstellen, man wird zugestehen müssen, dass es eine probe ehrlicher arbeit ist, die ich biete. So erweist sie sich aber als die frucht, die ich auf dem von ihm ererbten gute geerntet. Denn mein vater war ein ehrenmann vom scheitel bis zur sohle, und seines lebens inhalt war die arbeit. In w o r t l o s e r arbeit aber verfloss sein leben, und das mag klären, warum ich ihm nicht einen meiner dichterischen versuche angeboten habe, die v o r seinem tode unternommen worden sind. Denn wie hätte ich ihm, dem feind des unnützen worts, das zueignen können, was im grunde seines wesens ihm fremd sein musste, da doch die beste poesie nicht viel mehr als schöne geschwätzigkeit ist. Auf diese weise ist eine dem lebenden zugedachte überraschung verdorben worden, und an ihre stelle tritt der öffentliche, schuldige dank für ein erbteil, das schwerer als millionen wiegt, die achtung vor der ehre und die lust zur arbeit.

N a c h dem verstorbenen muss ich aber auch denen danken, die mich bereitwilligst auf mein ersuchen hin unterstützt haben, herrn prof. Vietor für stets gern gewährten rat in fragen der lautphysiologie, herrn prof. Schulze für eine bis auf viele einzelheiten sich erstreckende besprechung und belehrung, herrn prof. Justi für eine teilnahme, die diese arbeit vom ersten der verschiedenen entwürfe bis zum abschluss begleitet hat, eine teilnahme, die mich in verbindung mit dem, was sein verkehr mir geboten, zu einem kaum abzutragenden danke verpflichtet.

Einleitung.

Eine vollkommene darstellung der baltisch-slavischen Die aufgabe. accentuation würde zu zeigen haben, wie jedes glied des satzes in der für die erste zeit nach der völkertrennung vorauszusetzenden einheitlichen sprache durch nachdruck und tonhöhe gekennzeichnet wurde, und wie sich diese rhythmische und melodische abstufung in jeder aus der ursprünglichen einheit allmählich ausscheidenden sondersprache zu der heute herrschenden satzcharakteristik gestaltete. Eine derartig vollkommene, geschichtliche darstellung ist jedoch beim jetzigen stand der sprachwissenschaft noch nicht möglich und vielleicht überhaupt ausgeschlossen. Die dem einzelnen gesetzte grenze des wissens wird zudem das erreichbare für jeden sonderfall meist noch erheblich beschränken und das ergebnis der untersuchung zu einem notgedrungen bescheidenen machen. Demnach ist man gewiss berechtigt, wenn nicht gar verpflichtet, die aufgabe eng zu begrenzen und sich auch auf dem beschränkten gebiete oft damit zu begnügen, sicheres zu sammeln, unmögliches zurückzuweisen und mögliches in erwägung zu stellen.

So sind es denn nur zwei fragen, deren beantwortung diese untersuchung erstrebt: ·

1. Welche silbe war bei jeder kasusform der am wenigsten Die beiden hauptfragen. durch ausgleichung beeinflussten nomina im balt.-slav. betont, d. h. durch exspirationsstärke oder tonhöhe vor anderen hervorgehoben? .

2. Wieweit darf die erschlossene älteste balt.-slav. be-

1

tonung als eine aus der idg. ursprache ererbte angesehen werden?

Beantwor-
tung von
nebenfra-
gen als mit-
tel s. zweck.
Die frage nach der qualität des silbenaccents und dem verhältnis des rhythmus zur melodie soll nur dann berührt werden, wenn sie für die lösung der vorangestellten aufgabe notwendig wird.

Gestossener
und schlei-
fender ton.
Es darf wohl für bewiesen erachtet werden, dass die aus der idg. ursprache stammende[1]) unterscheidung eines gestossenen und schleifenden tons im modern-slav. in den wirkungen der einstigen verschiedenen accentqualitäten zum teil noch fortlebt[2]). So liesse sich also selbst in fällen, wo das zeugnis des lit. fehlt, oft mit hülfe der slav. sprachen — vor allen des čech. und serb.-kroat. — auch die tonqua-ität der wurzelsilbe feststellen. Da die art des silbenaccents jedoch im allgemeinen nicht von dessen stelle im worte ab-zuhängen scheint und auch wohl entsprechend wenig einfluss hat, so wird sie hier unberücksichtigt bleiben dürfen. Für stamm- und kasussuffixe[3]) dagegen erweist sich die beachtung der tonqualität als notwendig zur rekonstruktion der idg. form.

Rhythmus
u. melodie.
Die frage nach dem verhältnis des rhythmus zur me-lodie ist weit schwerer zu beantworten. Denn die rück-schlüsse, die aus lautveränderungen auf den charakter der betonung gezogen werden können, sind durchaus nicht so sicher, wie man vielfach glaubt. Der mangel starker laut-veränderungen, der meist als kennzeichen musikalischer accentuation gilt, erklärt sich doch auch bei ganz schwacher melodischer abstufung, wenn die exspiration eben auch eine schwache ist, wie die romanischen sprachen in ihrer neueren

---

[1]) A. Bezzenberger, BB VII 66 f.; Gött. gel. anz. 1887, 415; Hanssen, KZ. XXVII 612 ff.; K. Brugmann, grundr. I 539; Ph. Fortunatov, arch. IV 575 ff.; H. Hirt, IF. I 1 ff. 195 ff.; P. Kretschmer, KZ. XXXI 356 ff.

[2]) A. Leskien, untersuchungen üb. quant. u. bet. i. d. slav. sprachen I BC. Lpz. 1893, 529 ff.; V. Jagić, arch. VII 489, XV 604.

[3]) Die übliche terminologie ist hier beibehalten worden, ohne da-mit die wohl anfechtbare entstehung der vorliegenden formen durch zu-sammensetzung andeuten zu wollen.

entwickelung zeigen. Dass ein schwacher rhythmus eine
hervortretende melodie bedinge, ist eine völlig unbegründete
annahme. Vokalreduktion und vokalschwund, nach fast allgemein herrschender anschauung untrügliche kennzeichen
starker exspiratorischer betonung, sind auch ohne diese möglich,
wenn der stimmhafte laut durch einen stimmlosen oder
geflüsterten ersetzt wird, was eine zwar nicht oft beobachtete,
aber durchaus nicht entsprechend seltene erscheinung ist.[1]
Demnach ist es gestattet, jeden rückschluss auf die betonungs-
weise toter sprachen einer erneuten prüfung zu unterziehen,
und geboten, mit der dabei zu lernenden vorsicht neues
aufzustellen.

Die bestimmung des wortaccents muss, wenn sie nicht
allzu hypothetisch werden soll, ausschliesslich oder fast ausschliesslich mit hülfe der sprachen vorgenommen werden,
die den freien wortton noch bewahrt haben. Demgemäss
kann von der balt. gruppe nur das lit. in betracht kommen,
von der slav. dagegen das kašubische, polabische, serbisch-
kroatische, slovenische, bulgarische und die russische dialekt-
gruppe. Eine gewinnbringende berücksichtigung aller dieser
sprachen setzt jedoch vorarbeiten voraus, die in befriedigender
weise nur für einige vorliegen, und so wird beschränkung
nötig, um für das heranzuziehende material gewähr leisten zu
können. Im hinblick auf den zweck dieser arbeit aber, die
ja nicht die geschichte der balt-slav. accentuation behandeln
will, dürfte es sogar gestattet sein, sich im allgemeinen auf
das lit. russ. und serb.-kroat. allein zu berufen, da die russ.
betonung ja im grossen und ganzen als unmittelbare fort-
setzung der urslav. gelten darf,[2] die serb.-kroat. durch die
qualität einen sicheren rückschluss auf die ursprüngliche

Bestimmung des wortaccents.

---

[1] H. Sweet, handbook of phonetics, Oxf. 1877, 211; primer of phonetics, Oxf. 1890, 20; J. Storm, engl. phil., Heilbr. 1881, 82; O. Jespersen,
phon. stud. II, 92; P. Passy, étude sur les changements phonétiques etc.,
Paris 1890, 96. 140.

[2] P. Брандтъ, Начертаніе славянской акцентологіи. С-Пбръ. 1880.

stelle ermöglicht, [1]) innerhalb der balt. gruppe aber überhaupt keine wahl gelassen ist. Selbstverständlicherweise ist jedoch beim slav. eine ausnahme zu machen, wenn sich das russ. und serb.-kroat. widersprechen, wie beispielsweise beim dat. sing. einiger ä-stämme, und wenn nur eine der beiden auskunft giebt, wie bei dem der russ. sprache fehlenden voc. sing. Nach diesen grundsätzen handelt auch T. Maretić in seinem aufsatze: Slavenski nominalni akcenat s obzirom na litavski, grčki i staroindijski.[2])

Litteratur. Was die litteratur anbetrifft, die schon auf dem wege ist eine umfangreiche zu werden, so habe ich versucht, alles zu berücksichtigen. Aus dem „Русскій филологическій вѣстникъ" wird mir aber vielleicht doch einiges entgangen sein, da mir diese zeitschrift in Deutschland nicht zur verfügung stand, und ich mich habe auf das verlassen müssen, was ich während eines kurzen aufenthaltes in Petersburg gesammelt hatte. Ob ich sonst nichts wesentliches übersehen habe, und ob es mir gelungen ist, alles gebotene auszunutzen, das ist freilich eine frage, die ich nicht beantworten kann. Hinweise auf benutzte schriften sollen auf thatsachen aufmerksam machen, die andere besser als ich verbürgen, oder ansichten begründen, deren rechtfertigung dem ehemaligen alleinbesitzer zusteht. Vorherrschend ist dabei die meinung, dass alles, was leicht übersehen werden kann, wie eine kurze notiz, im allgemeinen mehr berücksichtigt werden muss, als dies bei grundlegenden werken und handbüchern der fall ist, die jeder benutzt.

---

[1]) Die accente ′ und ‵ bezeichnen eine silbe, die der urslav. betonten unmittelbar vorausging, ⁀ und ‿ eine solche, die von urslav. zcit an den ton trägt, abgesehen von jetzt einsilbigen wörtern, die im štok. immer den accent ⁀ oder ‿ haben. [cf. Брандтъ, a. a. o.; V. Jagić, arch. XV 428.] Maretić [Rad C. II 54.] führt allerdings eine form gó an. Das akad. wb. hat jedoch gō.

[2]) Rad CII 30 ff.

I.

Die ā-, i̯ā- und i̯e̯-stämme, der nom./acc. plur. der neutra und der auf betontes a auslautende nom. plur. russ. masculina.

Die verschmelzung zu einem fast einheitlichen paradigma Gründe für im slav. und die übereinstimmung in der betonung in beiden die zusammenfassen sprachen rechtfertigen es, die ā-, i̯ā- und i̯e̯-stämme zu- de behand sammenfassend zu behandeln, wobei es freilich zweifelhaft lung. bleiben muss, ob das für die gewissermassen führenden ā-stämme zu gewinnende ergebnis ganz auf die anderen übertragen werden darf. Da es ferner nach J. Schmidts forschung über die pluralbildung der neutra als feststehend betrachtet werden darf, dass der nom/acc. plur. der neutra stets mit dem nom sing. der feminina auf a identisch ist, dass in dem auf a auslautenden nom/acc. plur. der russ. masculina aber meistens auch eine kollektivbildung vorliegt, so würde eine gesonderte behandlung dieser formen nur zu zwecklosen wiederholungen anlass geben.

Die schon von Bopp erkannte[1]) übereinstimmung der Überein lit. und russ. betonung ist eine so auffällige, dass man die stimmung der lit. und grundzüge auch ohne ein weiteres zeugnis in die zeit der slav. beto balt.-slav. einheit zurück verlegen würde. Da aber auch nung im allgemeinen. das klr., der štok. und čak. dialekt des serb-kroat. im wesentlichen dieselbe übereinstimmung zeigen, und da auch das bulg. noch spuren eines einstigen, dem russ. entsprechenden accentwechsels zeigt, — also alles, was bei der flexionsarmut dieser sprache überhaupt erwartet werden darf —, so kann

---

[1]) Accentuationssystem 90. 91.

man die abweichungen des slov. nicht dagegen geltend machen, muss sie vielmehr als produkte seines sonderlebens ansehn.

Voc. sing. Der voc. sing., dessen betonung im slav. wie bei den *e*-stämmen [1]) von der des lit. abweicht, ist zweckmässig vorweg zu behandeln, um die übersicht nicht zu erschweren. Im lit. zeigt der voc. der *ā*- und *jā*-stämme eine dem nom. gleichlautende form. Da nun ein beweglicher accent nur bei solchen substantiven vorkommt, die im nom. sing. die endsilbe accentuieren, so kommt also nur die voc.-form mit gestossener endbetonung in betracht, z. b. rankà, valdžià. Entsprechend hat der voc. der *jē*-stämme schleifende endbetonung, z. b. *katė̃* = nom. sing. *katė́*. Daneben findet sich allerdings bei *jē*-stämmen, die noch nicht völlig erstarrte betonung haben, auch ein voc. mit dem accent auf der wurzel. Diese substantiva betonen aber mit Ausnahme des instr. sing. und acc. plur. immer die erste silbe, stehen also denen mit festem accent schon sehr nahe und bieten zudem auch wieder für den nom. und voc. eine gleichlautende form. Im slav. hat der voc. nach dem übereinstimmenden zeugnis des klr., serb-kroat, [2]) čak.,[2]) slov. und bulg. wurzelbetonung:[4]) klr. céctpo (nom. cectpá), serb-kroat. bràdo (nom. bráda), čak. rūko (nom. rūkà), slov. vȏda (nom. vóda), bulg. céctpo (nom. cectpá). Wenn daneben auch klr. cectpó und ähn-

---

[1]) Wenn man von *ă*-stämmen und *iă*-stämmen spricht, dann gestattet die folgerichtigkeit, falls sie es nicht gebietet, in allen fällen die hochstufenform des suffixes anzuführen.

[2]) Mit serb-kroat. ohne weiteren zusatz ist stets der štokavische dialekt gemeint.

[3]) Die čak. beispiele sind alle Nemaníćs čak-kroat. studien (WSB CIV 367 ff. CV 504 ff.) entnommen. Seine accentzeichen sind jedoch durch die entsprechenden, im serb-kroat. üblichen, ersetzt worden.

[4]) Da die wurzelbetonung des slav. voc. der *ă*-stämme ganz unzweifelhaft ist, was H. Hirt trotz dem von ihm sogar an falscher stelle für beweiskräftig erachteten serb. accente (I. F. II 348) übersehen hat, so kann sein sonst ansprechendes slav. auslautsgesetz in dieser arbeit nicht berücksichtigt werden.

liches vorkommt, so liegt hier die annahme der angleichung an die anderen kasus des sing. so nahe, dass die ursprünglichkeit der wurzelbetonung dadurch nicht widerlegt werden kann. [1]) Da die lit. form völlig mit der des nom. sing. zusammenfällt, so darf man fragen, ob überhaupt eine vocbildung vorliegt. Maretić nimmt es an, und Brugmann hält es für wahrscheinlich. [*]) Maretić geht von der auch von Brugmann vertretenen ansicht aus, der voc. habe im idg. stets anfangs-betonung gehabt. Weil nun im lit. wie auch in den verwandten sprachen der voc. im plur. mit dem nom. zusammengefallen sei, soll auch im sing. die betonung, der abweichenden form zum trotz, dem nom. angepasst worden sein. Das bedenkliche verhältnis von děvè zum nom. děvas, butè zu bùtas erklärt er sodann dadurch, dass er auch für den nom. ursprüngliche endbetonung voraussetzt. Diese an und für sich schon sehr unsichere hypothese wird um so fragwürdiger, als die voraussetzung der steten anfangsbetonung des idg. voc. heute wohl nicht mehr haltbar ist.

Die idg. ursprache besass aller wahrscheinlichkeit nach zwei durch betonung und ablaut unterschiedene vocativbildungen. [*]) Die *ej*- und *eu*-stämme zeigen bald die schwache suffixform *i* bezw. *u*, bald die starke, im lit. und griech. schleifend betonte, form *ej oj* bezw. *eu ou*: [*])
1. suffix -*i*: av. **᳁᳁** (neben ᳁᳁᳁) gr. ὄφι, got. gast.

2 voc.-bildungen im idg.

ej- und eu-stämme.

---

[1]) Die angaben über einzelheiten weichen mehrfach von einander ab. So führt Brandt (Начертаніе 119) die bulg. voc. вóдо гóро кóсо сéстро im gegensatz zu den nom. водá etc. an. Für ropá und сестрá bietet auch Duvernois (Словарь болгарскаго языка) beispiele: „Ей горúца, гóро ли зелена." „Деле варай милá мóя сéстро." Für воцá fehlt ein solches, und вода ist schon für den nom. als вóда angesetzt. Die endbetonung fällt jedoch überall mit der des nom. zusammen, die wurzelbetonung dagegen nicht.

[*]) Für die ā-stämme; der voc. der iē-stämme wird nicht erwähnt.

[*]) Vergl. z. folg. P. Kretschmer, KZ XXXI 356 ff.

[*]) Air. 𝒇ári kann auf beide grundformen zurückgeführt werden.

2. suffix -ei̯ -oi̯: ai. श्रेप́, gr. Λητοῖ, av. ᵖⁱᵇᵃ (neben

ᵖⁱᵇᵃ) lit. ugnễ, asl. ноүін¹)

3. suffix -u: av. ᵈⁱᵐᵇᵃ , gr. πῆχυ, got. sunu, ahd. situ
   sito.

4. suffix -eu̯ -ou̯: ai. सूनो́, gr. βασιλε̄ῠ(?), lit. sûnaú, asl.
   сꙑноү und vielleicht got. sunau.

i- und u-stämme. Entsprechend zeigen die i- und u-stämme einen suffix-
wechsel ī : i und ū : u:

1. suffix -i : ai. नदि́
2. suffix -i : gr. θέτι (?)
3. suffix -u : ai. ब्राब्रु̨
4. suffix -ū : gr. ὀχθῦ, asl. скꙑкрꙑ und vielleicht ahd. sū.

e- und i̯e-stämme. Bei den e-stämmen zeigt sich eine voc.-bildung auf -ō
mit schleifendem ton) wie ai. वृषभा und eine teils endbetonte, teils wurzelbetonte form auf -e, z. B. ai. वृ́क, gr.
λύκε, lit. vilkè etc. Dass die idg. form auf -ō endbetonung
hatte, darf man im hinblick auf die ei̯- eu̯- i- und u-stämme
vermuten. Die ai. anfangsbetonung kann nicht ins gewicht
fallen, da sie ausnahmslos herrscht und doch bei ei̯- und eu̯-
stämmen dem gr. und lit. gegenüber nicht als die ursprüng-
lichere angesehen werden kann. Welche betonung für den
voc. auf -e anzusetzen ist, scheint nach dem lit. vilkè gegenüber ai. वृ́क zweifelhaft zu sein. Bezzenberger's vermutung,
dass im idg. der voc. auf betontes -e für den geringschätzigen
anruf, der auf unbetontes -ō für die feierliche rede gebraucht
worden sei, dürfte wohl nicht das richtige treffen. Für die

---

¹) Nach dem serbkroat. nȏći etc. wäre wurzelbetonung anzusetzen.
da jedoch der ganze sing. mit ausnahme des loc. stets gleich betont
wird, so darf man im hinblick auf den einzigen noch erhaltenen masc.
i-stamm, das russ. путь, der endbetonung hat, daran denken, dass bei
fem. vielleicht schon im urslav. ausgleichung stattgefunden hat, die dem
lit. entsprechende form aber doch einst existierte.

) Von Bezzenberger (BB. XV 296 ff.) aus den ai., zum teil plutierten
und iran. voc. auf -ā̀, dem lett. zìnígõ und dem accent des gr. ῶ er-
schlossen.

endbetonuug der form auf ō spricht neben dem parallelismus
der anderen stämme auch die accentqualität. Bei ō liesse
sich der schleifende ton ja allerdings durch eine kontraktion
des auslautenden *e* mit ō == gr. ῶ erklären, wie Kretschmer
es für denkbar hält. ' Berücksichtigt man aber, dass eine
solche auslegung für ugnē *ἰχϑϋ* etc. nicht möglich ist, so wird man
geneigt sein auch für den schleifenden ton von ō die für
alle stämme passende erklärung anzunehmen. Da der accent
von *βασιλεῖ Αητοῖ* etc. auf keine der sonst geltenden bedin-
gungen zurückgeführt werden kann, so wird Kretschmer selbst
ihn wohl mit recht durch die eigentümliche natur des anrufs
erklärt haben. Die dehnung der endsilbe, die Pāṇini [1] für
das ai. und J. Hanusz [2] für das klr. bezeugt, ist ja wohl
beim lauten ruf in den meisten sprachen eine alltägliche,
weil natürliche erscheinung. Diese dehnung erweckt aber
leicht die vorstellung der betontheit und ist damit schon auf
dem wege wirklich betont zu werden. Die hebung der
stimme, die man vornimmt, um besser verstanden zu werden,
führt dabei zum schleifenden ton. [3] Darf man demnach annehmen, dass die idg. ursprache eine endbetonte form des
voc. für den lauten ruf und eine zweite form für die ge-
wöhnliche aussprache besass, so wird für letztere jede accentuation zunächst gleich wahrscheinlich sein. Da aber die
nicht circumflektierte bei *ei*- *eu*- *ū* und *i*-stämmen tiefstufe des
suffixes zeigt, dies sich auch bei ā- *iā*- und *iē*-stämmen zeigen
wird, so ist die allgemein, oder doch fast allgemein überlieferte anfangsbetonung offenbar ursprünglich. Zeigen die
e-stämme im gegensatz zu anderen hochstufenformen des
suffixes, so erklärt sich dies dadurch, dass sonst das kennzeichen des stammes verloren ginge. Da zudem ein griech.
υἱέ mit gleichem accent wie der nom. neben *ἀδελφε* : *ἀδελφός*
nicht für die endbetonung geltend gemacht werden darf, so

----

[1] VIII 2,84.
[2] Ueber die betonung der substantiva im klr. Lpz. 1883, 36.
[3] Man vergleiche die militärischen kommandos: im-schritt, öhne-
tritt, geräde-äus etc., bei denen dieser vorgang gar nicht selten ist.

bleibt nur das lit. als stütze[1]) für accentuiertes e. Da nun aber auch děve neben děvě vorkommt, so wird man nach allem zur annahme gedrängt, dass im lit. die endbetonung verallgemeinert worden ist, wie in noch strengerer durchführung die anfangsbetonung im ai., dass beidè sprachen wie oft aus dem reichen stoff eine einseitige auswahl getroffen.

ā-stämme. Nun zeigen die ā-stämme, abgesehen von ar.-*aj* im ai. समे, das wohl wie das lit. tĕvai auf zusammensetzung mit einer partikel *i* beruht, auf jeden fall aber doch keine ablautsform des suffixes ā sein kann, ausnahmslos *a*, und dieses ist nur im lit. betont: rankâ: ai सम्वे, gr. *νύμφᾰ κοθρᾱ* etc., asl. ρжко (serb. kroat. rūko). Nun könnte ja das lit. rankâ nach Leskien's gesetz auf *rankâ zurückgehen, sich hinsichtlich des suffixvokalismus also zu ρжко verhalten wie asl. cвєκρυι: ai. सासू. Dann aber würde man schleifenden ton erwarten. Deshalb muss man annehmen, dass rankâ entweder nom. ist oder nach dem muster der anderen voc. seine alte betonung *raňka durch eine neue ersetzt hat. Für das balt-slav. ist demnach der voc. der ā- (und *jā*-)stämme als wurzelbetont anzusetzen.

jē-stämme. Der voc. der lit. *jē*-stämme, wie *žolĕ́*, könnte ursprünglich sein. Das verhältnis von lit. *žolĕ́* zum ai. युंहति in bezug auf den suffixablaut und accent würde wieder dasselbe sein, wie das von *βασιλεῦ* : *πῆχυ*. Das zeugnis des slav. fehlt, da die -- ursprüngliche *jā*- und *jē*-stämme — umfassende *ja*-klasse den voc. nach dem vorbild der ā-stämme gebildet hat : зємлιв : зємлια = жєнᴏ : жєна. Mithin ist eine sichere entscheidung nicht möglich. Die form für den nom. zu erklären, ist jedoch nicht begründet. Der voc. lässt sich lautgesetzlich erklären; beim nom. ist es bis jetzt

_____

[1]) Für das slav. ist auch wurzelbetonung anzunehmen. klr. льаче (nom. льаκ, gen. льаκá etc.), serb.-kroat. gröbe (nom. gröb, gen. gröba etc.), čak. pöpe (gen. popà), slov. sōsed (nom. sósed).

noch nicht gelungen.¹) Man wird also *iolé* wenigstens vorläufig als voc. anerkennen dürfen.

Die übereinstimmung der lit. und slav. betonung zeigt sich nun bei den *jā-* und *jē-*stämmen zunächst darin, dass sich, vom klr. abgesehen, ein beweglicher accent nur bei solchen substantiven findet, die im nom. sing. die endung betonen. Schon der umstand, dass die erwähnte klr. abweichung vereinzelt dasteht, ist wohl ein zeichen für deren unursprünglichkeit. Ausserdem aber kommt noch in betracht, dass es in den meisten fällen substantive sind, die im nom. sing. auf ка endigen, deren nom. plur. demnach lautlich mit dem nom. plur. der masc. auf нк zusammenfällt und daher leicht deren oft ursprüngliche endbetonung angenommen haben kann, z. b. сказкѝ (zum nom. sing. ска́зка) nach analogie von мужикѝ (zum nom. sing. мужи́к) und ähnlichen. Wenn nun Hanusz trotz der von ihm anerkannten thatsache, dass dieser klr. accentwechsel vereinzelt dasteht, durch einen analogieschluss dazu kommt, ursprünglichkeit anzunehmen, so ist dagegen zu bemerken, dass er von zweifellos nicht haltbaren voraussetzungen ausgeht. Hanusz stützt sich darauf, dass neutrale und masculinische substantiva oft im plur. im gegensatz zum sing. die endung betonen, dass *ej-*stämme es in obliquen kasus des plur. thun, und endlich auf die nach seiner ansicht vollständige übereinstimmung zwischen weiblichen und sächlichen wörtern in betreff der zurückschiebung²) des accents. Zunächst ist es nun entschieden in abrede zu stellen, dass in der sogenanten zurückschiebung des accents beim fem. und neutr. volle übereintimmung herrsche. Ein fem. wie beispielsweise рѣка́ be-

Margin notes:
Beschränkung der beweglichkeit des accents auf subst. mit endbetonung im nom. sing.

Ausnahme des klr.

Hanusz's gründe für die ursprünglichkeit der klr. abweichung

---

¹) Eine als sehr zweifelhaft, aber möglich betrachtete erklärung folgt bei besprechung des nom. sing.

²) Bei Hanusz gesperrt gedruckt. Der ausdruck mag für eine praktische grammatik geeignet sein, für eine wissenschaftliche untersuchung kann er verhängnisvoll werden, da er leicht zu der nicht näher zu bezeichnenden ansicht verführt und verführt hat, der nom. sing. sei in allen fällen der ausgangspunkt für flexions- und accentänderungen.

tont im ganzen sing. und im dat. instr. loc. plur. die endung,
wurzelbetonung hat es nur im nom/acc. plur. und dem ein-
silbig gewordenen gen. pѣк, wobei es vorläufig noch nicht
ausgemacht ist, ob dieser, als er noch zweisilbig war, nicht
auch endbetonung hatte. Ein neutrum wie z. b. лицé dagegen betont im g a n z e n plur. die wurzelsilbe. Daraus ergiebt sich also schon vom standpunkte des slav. aus, dass
die betonung des gen. dat. etc. mit der des nom. gar nicht
übereinzustimmen braucht. Was daher die endbetonung der
obliquen pluralkasus der ej-stämme für den accent des nom.
einer anderen klasse beweisen soll, ist wohl nicht recht klar
Sodann ist der accentwechsel der neutra, der bekanntlich
nicht nur in dem verhältnis лицé : лíца zu tage tritt,
sondern auch im umgekehrten стáдо : стадá, nach J. Schmidt's
untersuchungen auf eine eigentümlichkeit der kollektivbildung
zurückzuführen, die mit dem nom. pl. der fem. nichts zu
thun hat. Der nom. plur. der masc. endlich ist die einzige
form, die mit der des nom. plur. der feminina einen wichtigen
berührungspunkt hat, nämlich den der lautlichen gleichheit der
endung. Dieser zusammenfall hat aber auch nur wert für
die erklärung einer analogiebildung, spricht dadurch also gerade gegen die ursprünglichkeit. Demnach wird die alleinige
ausnahme des klr. dem übereinstimmenden zeugnis des lit.
russ. und serb-kroat. gegenüber nicht in betracht kommen
dürfen.

3 gruppen
im lit., auf
1 zurück-
zuführen.
Die substantiva mit beweglicher betonung verteilen sich
nun im lit. auf drei gruppen. Die erste bilden zweisilbige
wörter, die nur im dat. acc. sing. und nom. plur. die wurzel
betonen, in allen anderen fällen das stamm- oder kasussuffix.
Die zweite gruppe bilden diejenigen zweisilbigen wörter, die
abgesehen von den genannten kasus auch noch im gen. loc.
sing. und gen. dat. loc. instr. plur. wurzelbetonung haben.
Die hierher gehörigen substantiva sind jedoch offenbare
produkte einer ausgleichung. Denn zunächst ist es schon
an und für sich wahrscheinlicher, dass die einförmige betonung aus der wechselreicheren entstanden, als dass etwa

das umgekehrte vor sich gegangen sei. Sodann findet sich
zuweilen bei wörtern, die im lit. zur zweiten gruppe gehören,
im slav. eine der ersten entsprechende betonung, z. b. lit.
rankà gen. raṅkos etc. russ. рукá gen. рукú̄ etc. Endlich
stimmt auch die dritte lit. gruppe bis auf zwei kasus völlig
mit der ersten überein, die dadurch also als die ursprüng-
lichere der beiden ersten bezeichnet wird. Die dritte gruppe,
welche die dreisilbigen umfasst, weicht von der ersten nur
darin ab, dass auch noch der instr. sing. und acc. plur.
wurzelbetonung zeigt. Maretić hält diese accentuierung des
acc. plur. wie in äszakas für ursprünglicher als die von
rankàs, und zwar wegen des russ. нóги, serb-kroat. nòge
etc. Nun lässt sich aber der lit. acc. plur. der ā-stämme
bekanntlich nur auf eine form mit der endung -ās zurückführen. ans oder äns ist ausgeschlossen, weil rankàs auch
dort gilt, wo bei den e-stämmen -uns vorliegt, und weil bei
vorausgesetztem nasal im lett. rûkus statt des thatsächlichen
rûkas zu erwarten wäre. Nun lässt sich aber die verkürzung
der endssilbe nicht durch unbetontheit erklären, weil sie auch
dort gilt, wo der gen. sing. unverkürzt bleibt. Also bleibt
zur erklärung des kurzen a nach heutigem wissensstand nur
die annahme übrig, dass die endung betont war und zwar
gestossen, mithin Leskiens gesetz unterlag. So wird also
auch diese ausnahme beseitigt, und es ergiebt sich für die
vom standpunkte des lit. aus erschliessbare älteste betonung
folgendes paradigma:

	sing.		plur.
n.	mergà	n.	meŕgos
g.	mergós	g.	mergû
d.	meŕgai	d.	mergóms
a.	meŕgą	a.	mergàs
i.	mergà	i.	mergomis
l.	mergojè.	l.	mergosè.

Hiermit stimmen die tā-stämme vollkommen überein, die
i̯ē-stämme wenigstens hinsichtlich der s t e l l e des accents.

Sie unterscheiden sich nur dadurch, dass sie im nom. (und voc.) sing. statt des gestossenen tons den schleifenden haben, z. b. žolė: mergà und valdžià.

2 gruppen Diesem paradigma stehn im slav. zwei gruppen gegen-
im slav., auf über, die sich jedoch leicht auf eine einzige zurückführen
1 zurückzu-
führen. lassen. Zur ersten gehören diejenigen substantiva, die (von dem noch zu besprechenden verkürzten gen. plur. abgesehn) im gegensatz zu allen anderen kasus nur im acc. sing. und nom./acc. plur. den accent auf der wurzel tragen, zur zweiten die, die nur in einem einzigen kasus, dem nom./acc. plur. wurzelbetonung haben. Als beispiele mögen russ. рукá und рѣка́ dienen, deren betonung die serb-kroat. und klr. entspricht:¹)

I. II.

	sing.	plur.	sing.	plur.
n.	рукá	рýки	рѣка́	рѣки
g.	рукѝ	рукъ	рѣкѝ	рѣкъ
d.	рукѣ	рука́мъ	рѣкѣ	рѣка́мъ
a.	рýку	рýки	рѣкý	рѣки
i.	рукóю	рука́ми	вѣкóю	рѣка́ми
l.	рукѣ	рука́хъ	рѣкѣ	рѣка́хъ.

Dass sich das erste paradigma nicht aus dem zweiten entwickelt· hat, darf man wohl mit ziemlicher sicherheit annehmen. Das anpassen des im sing. allein wurzelbetonten acc. an die anderen kasus dagegen ist sehr naheliegend, wie sich z. b. auch von рѣка́ der acc. рѣку findet, dessen form рѣкý also wohl ein derartiges anpassen zeigt. Dass die unterscheidung der beiden gruppen nicht in die baltisch-slav. zeit zurückgeht, ergiebt sich daraus, dass die lit. acc. sing. bei keiner gruppe endbetonung hat. Aber selbst in der urslav. periode werden die beiden paradigmata kaum wie heute

¹) Im slov. herrscht meist im nom. dat. loc. sing. wurzelbetonung, sonst endbetonung. cf. Valjavec, Rad XLIV 36. Nach der übereinstimmung der anderen sprachen ist offenbar eine spätere neuerung anzunehmen.

neben einander bestanden haben. Vergleicht man die angaben über die betonung der russ. substantiva auf -a, die
sich bei Vostokov[1]), Brandt[2]) und Šarlovskij[3]) finden, und
nimmt man an, dass diese angaben thatsächlichen verhält-
nissen entsprechen, was bis auf etwaige einzelne versehen
wohl der fall ist, so vollzieht sich vor unseren augen eine
vereinfachung des ersten paradigmas, wie sie auch wohl in
früheren zeiten stattgefunden hat. Teils wird der acc. sing.
den anderen kasus desselben numerus angepasst, wodurch
paradigma II entsteht; teils . wird die betonung des nom.
acc. und gen. plur. innerhalb dieses numerus verallgemeinert;
teils wird die beweglichkeit völlig aufgegeben, wobei bald
wurzelbetonung, bald endbetonung entsteht. Vostokov rechnet[4]) 52 wörter zur ersten gruppe, Šarlovskij[5]) nur noch 37.
Bei Brandt finde ich im ganzen 14, was aber nicht viel be-
sagt, da dort eine vollständige aufzählung nicht erstrebt zu
sein scheint. Unter den substantiven, die heute noch bewegliche betonung zu haben scheinen — etwa 100 — sind
nur 11, bei denen keiner eine abweichung vom paradigma I
verzeichnet: борода́, вода́, голова́, гора́, земля́, зима́, нога́,
рука́, сторона́, строка́, стѣна́. Bei einer reihe von wörtern
findet sich die betonung I und II neben einander: блоха́,
весна́, верста́, вожжа́, возгря́, гроза́,[6]) гряда́, душа́,[7])
зоря́, изба́,[8]) лоза́ etc. etc. Wieder andere betonen nur

---

[1]) Русская грамматика Александра Востокова ... полнѣе изложен.
иая[11]. 244 ff.

[2]) Начертаніе etc.

[3]) Русская просодія 283 f. + „L. Kayssler, die lehre vom russ-
accent", ist hier nicht berücksichtigt, da der abschnitt über die fem. ganz
auf Vostokov beruht.

[4]) ausgabe vom jahre 1867.

[5]) ausgabe vom jahre 1890.

[6]) I u. II nach dem wb. d. akademie.

[7]) II nach dem wb. v. Koiranski.

[8]) Wolper's „Русская рѣчь," ein mit accenten versehenes lesebuch
für schüler, die beim beginn des unterrichts die russische sprache noch
nicht beherrschen, bietet in den meisten fällen, wo schwankende betonung

nach paradigma II: дугá, иглá, лунá, пчелá, серьгá, слезá,
совá etc. etc. Noch andere zeigen accentausgleichung im
plur.; allgemein ist sie bei женá und сестрá,[']) neben der
betonung II findet sie sich bei слезá. Brandt verzeichnet
eine solche ausgleichung auch für зимá, игрá, избá, косá,
полá, пчелá, совá, судья́. Endlich findet sich auch der
übergang zum völligen erstarren. So rechnet Vostokov губá
zu I, Šarlovskij führt es nicht mehr in seiner liste an, das
akademische wörterbuch giebt die betonung I und II an, nach
Brandt ist der nom. sing. губá oder гýба betont, und der
accent unbeweglich.

Ähnliches wie im russ. zeigt sich auf allen gebieten.
Als beispiel diene das ĉak., soweit es von Nemanić bear-
beitet ist[*]). Seine angaben beziehen sich auf die sprache
der bewohner der nordöstlichen hälfte Istriens (einschliesslich
Liburniens und der insel Veglia) und des kroatischen küsten-
landes. Unter 53 wörtern mit beweglichem accent richten
sich 8 nur nach paradigma I: dīkä, kopä, nogä, pëtä, pläsä,
rosä, škrīljä, zorä; 2 nach I und II: gläva, vodä; 4 nur
nach II (darunter 3 eigennamen): rēkä, Lücä, Pülä, Puljä.[*])
3 wörter betonen nach I oder II oder stets die wurzelsilbe:
daskä I II (däska), övcä (I) ovcä II (õvca), svīnjõ I II (svinja.)
24 haben neben festem accent noch die betonung I, darunter
2 mit endbetonung in der erstarrten form- dobä zīmä; 2 mit
endbetonung oder wurzelbetonung in der erstarrten form:
jūhä I (jūhä u. jūha), srēdä I (srēda und srēda) und 18 mit
wurzelbetonung, wie brädä I oder bräda (unbeweglich).

Am rande: Aus-gleichungen im ĉak.

bezeugt ist, nur die nach paradigma I, so auch bei избá. Dem einfluss
der eine korrekte aussprache lehrenden schulbücher wird es auch wohl
zuzuschreiben sein, dass die betonungsausgleichung nicht schon bedeutend
weiter fortgeschritten ist.

[']) Bei beiden wird die aussprache des betonten ursprünglichen e
als o mitgewirkt haben. Der gen. plur. von сестрá lautet сестёръ
(das betonte е = o).
[*]) WSB. CIV. CV. CVIII.
[*]) Es fehlt die angabe, ob die nom. propr. auch im plur. vorkommen

Diese 18 sind: bräda, čreda, deca, dûša, gora, graja, igla, kosa, lèha, loza, magla, rja, rûka, staza, stēna, vōjska, zemlja, želja. 2 dreisilbige wechseln nach I in der betonung der letzten und vorletzten silbe: dobrotä (acc. dobròtu), lepotä (acc. lepòtu) oder immer debròta, lepäta etc. Nach II oder einförmig betonen 12 wörter. Darunter sind 3, die in der unbeweglichen form die endung betonen: morä, stränä, ženä, 1, das jede silbe accentuieren kann: glīstä II (glīstä a. glīsta); 8, die neben der betonung II unbewegliche wurzelbetonung haben, wie čelä II oder čèla etc. Diese 8 sind: čela, meja, oka, plēna, sĩna, strēla, träva.

Entsprechende verhältnisse zeigen sich beim vergleich **Entsprechende verhältnisse** einer slav. sprache mit der anderen. So entspricht dem **beim vergleich einer** ausnahmslos zur gruppe I gerechneten russ. бородá das **slav.** serb.-kroat. bráda nach I und II; dem russ. ocá, das zu weilen nach I, häufiger aber schon nach II betont wird, das **sprache mit** serb-kroat. òso mit festem accent (nach Vuk). Überall voll **der anderen.** zieht sich also der prozess der vereinfachung, und wo zwei slav. sprachen von einander abweichen, steht das russ. im allgemeinen auf der stufe, die man als die vorhergehende betrachten darf. Darf man demnach annehmen, dass im lit. mergä etc. die älteste balt., im russ. рукá etc. die älteste slav. betonung erhalten ist, so bleiben doch noch verschiedene lautliche und accentuelle differenzen übrig, die erklärt werden müssen, ehe die frage nach dem verhältnis zum idg. aufgeworfen werden darf.

So gross die übereinstimmung zwischen dem lit. und **Prüfung der** slav. auch auf den ersten blick zu sein scheint und ur **einzelnen** sprünglich auch wohl wirklich gewesen ist, auf ein so ge **kasus.** ringes mass scheint sie doch andrerseits wieder reduziert werden zu müssen, wenn man die vorliegenden formen genauer prüft. Denn von den 12 kasus,[1] die nach ab-

---

[1] Vom dualis wird wegen der spärlichen belege im slav. so lange abgesehn werden müssen, bis die untersuchung die glaubwürdigkeit des lit. wahrscheinlich gemacht hat.

rechnung des besprochenen voc. übrig bleiben, kann man
nur für 2 mit voller sicherheit gänzliche übereinstimmung
in laut und betonung annehmen. Diese sind der nom. und
acc. sing.

Lit. rankà aus *ranká nach Leskiens gesetz und asl.
ρѫκѧ gehen beide auf idg. *ronk-â mit gestossenem ton
in der endung zurück. Dieser ergiebt sich, abgesehen vom
lit. selbst, aus gr. τιμή, got. giba und für die endung des
nom./acc. plur. der neutralen e-stämme aus lit. keturió-lika,
penkió-lika. Für letztere form wird also bestätigt, was nach
dem nachweis der identität mit dem nom. sing. der fem.
vorauszusetzen war. Dass die idg. endung -â kein kontraktionsprodukt ist, wie J. Schmidt[1]) angenommen hat, beweist
der gestossene ton. Mithin ist a ein kasussuffix, das an die
nullstufe des stammsuffixes, oder einfacher, an die wurzel
angetreten ist. Die abweichung in der accentqualität, die
sich im nom. sing. der lit. ję-stämme den ā-stämmen gegenüber zeigt, ist noch nicht genügend erklärt worden. Streitberg[2]) äussert sich über diesen punkt allerdings folgender-
massen: „Meiner ansicht nach ist der zirkumflex .. [bei
katḗ] von dem nom. der er-stämme feminini generis auf idg.
-ē (...) wie motḗ übertragen. Diese waren ausser den
ē-stämmen die einzigen feminina mit dem nom.-ausgang -ē;
eine übertragung ihrer accentqualität lag also nahe." Dass
die -er-stämme wie motḗ, also zwei substantiva (motḗ und
duktḗ), die ziemlich zahlreiche klasse der ję-stämme beeinflusst haben sollen, muss jedoch auffallen. Denn abgesehn
von den hier nicht vorliegenden fällen, wo man nach einer
unterscheidung gesucht hat, wie wohl beim lat. deabus
etc., oder eine lautgruppe missdeutet hat, wie bei -ir- im
ahd. kalbir etc., wird eine analogiebildung im allgemeinen
von der überlegenen gruppe von formen ausgehn. Man darf
nicht einwenden, dass ja beispielsweise bloss 4 slav. verba

---

1) Pluralb. d. neutra. 41.
2) IF. I 270.

(гасмь, дамь, гамь, вѣмь) es erreicht hätten, dass im
slov. und serb-kroat. die endung -m (bis auf vereinzelte
ausnahmen) allgemein geworden sei. Denn selbstverständlich
handelt es sich nicht darum, wie oft eine bestimmte
bildung im wörterbuche vorkommt, sondern in der wirklich
gesprochenen sprache, so dass natürlich eine kleine gruppe
oft gebrauchter wörter einer grossen zahl seltener ausdrücke
gewachsen sein kann. Von diesem gesichtspunkte aus betrachtet ist aber das verbum гасмь allein · imstande, den
kampf mit hundert anderen aufzunehmen. Es ist gewiss
kein zufall, dass im russ., wo die endung -m nicht verallgemeinert worden ist, das verbum гасмь nur noch auf dem
papier der grammatik sein selbst dort mehr als bescheidenes
dasein fristet, während дамъ und ѣмъ (= дамь und гамь)
noch in vollem gebrauch sind. Wenn nun auch das lit.
motė́ und duktė́ vielleicht oft gebrauchte wörter sind, so ist
doch in betreff der häufigkeit des vorkommens ihr verhältnis
zu den i̯ē-stämmen nicht annähernd das, wie das von гасмь
zu den übrigen verben. Zudem spricht der umstand, dass
die lit. er-stämme in verschiedenen kasusformen dem einfluss
der i̯ā- und ei̯-klasse unterliegen, nicht gerade für eine einwirkung von ihrer seite auf die i̯ē-stämme. Nimmt man aber
an, dass der nom. sing. der ei̯-klasse im idg. auf -i auslautete
was man im allgemeinen doch thut, so muss das lit. katė́
statt des zu erwartenden *kati (nach veżanti) doch durch
einwirkung anderer formen entstanden sein. Dass diese
demselben paradigma angehörten, ist, wenn auch nicht nach-
weisbar, doch im hinblick auf das lat. faciēs das wahr-
scheinlichste. [1]) Dann aber ist selbstverständlich die endung
mit der ihr eigenen accentqualität übernommen worden, und
diese war in der mehrzahl der fälle die schleifende: sing.

---

[1]) Denkbar wäre es allerdings auch, dass schon im idg. neben der
nom.-endung -i eine form auf *-i̯ē bestanden hätte, lit. katė̃ und lat.
faciēs also keine von einander unabhängige analogiebidungen wären.
*i̯ē würde dann wegen des schleifenden tons auf morenverlust deuten
und etwa aus *i̯ё + ä zu erklären sein.

gen. *-įēs aus *įē + es oder *įē + so,[1]) dat. *-įēį
aus įē + ai, plur. nom. *įēs aus įē + es, voc. sing. (?)
-įē als form des lauten rufs gegenüber बृहति etc. Wollte
man aber auch einen idg. nom. auf *įē mit gestossenem
ton voraussetzen, was Streitberg zu thun scheint, so bliebe
die dann auf jeden fall auffällige übertragung der accentqualität als eine entlehnung von den anderen kasus immer
noch wahrscheinlicher denn als herübernahme von er-stämmen.

acc. sing. Die acc.-formen raṅką und ρѫкѫ lassen sich beide auf
idg. *rónk-ā-m zurückführen. Das ā hatte nach dem zeugnis des griech. (τιμήν) und vielleicht auch des ahd. (geba:
gen. pl. tago) gestossenen ton. Wenn trotzdem das dem
griech. τήν entsprechende pronomen im lit. tą̃ lautet, und so
der schleifende ton für die acc-endung überhaupt wahrscheinlich wird, so kann dies durch die mittelzeitige dauer der
silbe erklärt werden, da nach Baronowskis und Webers mit-
teilungen zweimorige silben nie einen gestossenen ton haben.

dat. plur. Ziemlich wahrscheinlich gehn auch die beiden formen
des dat. plur., lit. raṅkoms und asl. ρѫкамъ auf dieselbe
idg. zurück. Da für raṅkoms nach mergóms älteres *rankóms
anzusetzen ist, so liegt in beiden fällen betonung des stammsuffixes vor. Ist lit. -ms, mus und slav. mŭ auf idg. -mus
zurückzuführen,[2]) so sind die formen völlig identisch: = idg.
*ronk-ā́-mus. Aber auch im anderen falle wird der zu-
sammenhang noch nicht aufgehoben.

Die übrigen kasusformen weichen teils lautlich, teils
accentuell von einander ab, teils auch in beiden beziehungen,
fordern daher eine eingehende besprechung.

instr. sing. Die üblichen formen des instr. sing. sind lit. ranká und
asl. ρѫкоѭ. Da neben der für ranká vorauszusetzenden
form *ranká[3]) mundartlich runku vorkommt, und da das

---

[1]) Lautlich ist beides möglich. Nach Streitberg's abhandlung über
die entstehung der dehnstufe (I. F. III 305 ff.) gewinnt *so an wahrscheinlichkeit.

[2]) Vergl. jedoch Brugmann, grundr. II 710.

[3]) Die länge ist in gerája neben gerà erhalten.

lett. rûku hat, so ergiebt sich als baltische grundform:
*rankân oder *rankâm. Hierzu stimmt die seltene asl.
form auf -җ an stelle des gewöhnlichen -оҗ [1]) Da sie durch
die westslavischen sprachen [2]) als urslav. erwiesen wird, so
ist die endung -оҗ als neubildung aufzufassen, die jedoch
keine veränderung der ursprünglichen betonung hervorgerufen
hat. Woraus die idg. endung *-âm entstanden ist, falls
diese zu grunde liegt und nicht *ân, über dessen entstehung
sich kaum näheres sagen lassen würde, wird sich kaum mit
sicherheit feststellen lassen. Vom standpunkte der ā-stämme
aus könnte man entweder annehmen, ein kasussuffix -âm sei
mit der wurzel verbunden, oder -âm bestehe aus einem stammsuffix ā und einem kasussuffix m. Kontraktion von ā mit
einer partikel em oder ursprüngliche zusammensetzung von
ā mit einem kasussuffix -mo, dessen o später, aber noch in
idg. zeit abgefallen, wird durch den gestossenen ton ausgeschlossen. Wenn andrerseits Streitberg's untersuchung über
die entstehung der dehnstufe das richtige getroffen hat, dann
muss der instr. der e-stämme, wie *u̯l̥qṓm als aus *u̯l̥qṓ-mo
entstanden betrachtet werden. Würde also so ein kasussuffix
-mo als instrumentalendung erwiesen, dann müsste dieses
nach verlust des o bei ā-stämmen schleifenden ton des stammsuffixes entstehen lassen. Von der annahme der lautgesetzlich
möglichen entstehung aus *ronkámo muss abgesehen werden,
da betontes a bei ā-stämmen in hohem grade unwahrscheinlich
ist. Streitberg nimmt daher an, [3]) dass die tonqualität von
*ronkâm durch die der e-stämme beeinflusst sei, was ge-
wiss nicht geradezu unmöglich ist, aber doch auch nicht eine
erklärung genannt werden kann, die ohne Schwierigkeit vorgenommen werden könne. Denn eine solche ist sie eigentlich nur insofern, als sie eine bequeme ist, und es fragt sich,
ob man nicht besser thut, vorläufig bei der sicher erschlossenen
form *ronkâm oder ronkân halt zu machen. Wäre ein aus

---

[1]) Leskien, handb. 66.
[2]) poln. ręką. čech. rukou.
[3]) I. F. III 369.

* mo entstandenes m für alle anderen stämme erwiesen
so würde man gewiss berechtigt sein, die einzige ausnahme
durch annahme von analogie zu beseitigen. Bekanntlich ist
dies aber nicht der fall. ai. सनेमि, asl. ПЖТЬМЬ, gr. ϑεόφι,
arm ꝗ꞊ᴊᴌꝗ́ ꝗ꞊ᴍᴌꝗ u. a. sind doch nicht ohne weiteres
zu beseitigen. Ai मुतीं und avest. ᴀ꞊ᴊ lassen sich wieder
ai. वृका etc. nicht gleichstellen. Sollte es nicht nötig sein,
aus dieser mannigfaltigkeit zunächst alles, was neubildung
sein kann, auszuscheiden, ehe man die formen einer noch
älteren zeit rekonstruiren darf? Für diese untersuchung
muss es genügen, den balt.-slav. instr. * ronkám oder * ronkán
anzunehmen, von denen letzterer sich hinsichtlich der endung
zu ai. आर्म्बीं verhalten würde wie griech. ἄκμων zum lit.
akmů̃.

Dat. und loc.
sing. Da der dat. und loc. sing. der ā-stämme schon im idg.
lautlich zusammengefallen war, so können auch bei eventuell
verschiedener betonung doch leicht vertauschungen vorgekommen sein. Es empfiehlt sich daher, beide kasus zusammen zu behandeln. Die als dat. überlieferten formen,
lit. rañkai und asl. рѫцѣ weichen nun bei lautlicher übereinstimmung in der betonung von einander ab, da der accent
des slav. als auf der endung ruhend anzunehmen ist. Im
serb-kroat. findet sich allerdings bei einer reihe von wörtern
auch die dem lit. entsprechende wurzelbetonung. Maretić
führt 7 belege aus Vuks wörterbuch und weitere 10 aus
Budmanis grammatik an. Nach dem wörterbuche der akademie lassen sich ausserdem noch 2 hinzufügen: gòra und
dúša. Vielleicht ist also die zahl dieser wörter im wachsen
begriffen. Dies und der umstand, dass sich diese erscheinung
auf das serb-kroat. beschränkt, [1]) würden für Maretićs ansicht sprechen, dass die wurzelbetonten datio-formen analogiebildungen nach e- und ei-stämmen zwecks unterscheidung

---

[1]) Vom slav. abgesehen, dass nach den bereits erfolgten auseinander-
setzungen unberücksichtigt bleiben muss.

vom loc. sing. seien. Da nun der lit. loc. einen etymologisch
dunkeln, wenn auch vielleicht erklärbaren,[1] zusatz mit
accent erhalten hat, so lässt sich über die betonung der ursprünglichen form nichts sicheres sagen. Berücksichtigt man
aber die ₑndbetonung der slav. $e\dot{i}$- und $e\psi$-stämme sowie das
lit. namë, und bedenkt man ausserdem, dass kein grund vorliegt, den lit. dat. als echte form zu bezweifeln, dass die
lautlich gleichen slav. formen dagegen bei schwacher exspiratorischer betonung leicht zusammenfallen konnten, so
wird Hirts vermutung[2] wahrscheinlich, dass. asl. рѫцѣ mit
endbetonung in beiden fällen loc., lit. rañkai aber dat. sei.
Die serb-kroat. sprache hätte also die im urslav. zusammen-
gefallenen formen durch einen dem balt-slav. zufällig entsprechenden accentwechsel wieder zu scheiden versucht. Zu
einem sicheren urteil gehört freilich ein überblick über die
geschichte der serb.-kroat. betonung, wie er heute wohl noch
nicht möglich ist. Als wahrscheinlich aber wird man annehmen dürfen, dass im balt.-slav. der dat. den accent auf
der wurzel hatte, der loc. auf der endung. Geht dies auf
die idg. urzeit zurück, so wäre der dat, * roṅkāį[3] mit
schleifenden ton der endung anzusetzen und der loc. ronkáį,[4]
ebenfalls mit schleifender qualität.

Wohl die grösste schwierigkeit ist mit einer sicheren er- *gen. plur.*
klärung des gen. plur. verbunden. Die lit. form ist endbetont und zwar schleifend: * rankū, statt rañkū nach mergū
anzusetzen. Sie weist auf eine idg. endung -ōm, die nach
dem zeugnis des got. gibō, der ved. zweisilbig zu lesenden
genitivformen[5] und des lit. selbst schleifenden ton hatte.
Wahrscheinlich war sie also ein kontraktionsprodukt aus dem

---

[1] J. Schmidt, K. Z. XXVII 307.
[2] I. F. II.
[3] stammsuffix -a- [nach dem wurzelbetonten voc. angesetzt] +
kasussuffix -aį, das in gr. ἰδμεναι δόμεναι vorliegt.
[4] aus *ronkā + i.
[5] Oldenberg, hymnen des Rigveda 185. Lanmann, nouninflection in
the veda 352.

stammsuffixe à und dem kasussuffixe -om.¹) Innerhalb des
slav. zeigt das serb-kroat. (im XVI jhd. auch das čak²) eine
form mit a, zuweilen auch das slov.³) Sonst ist die form
nach dem verstummen des ъ einsilbig³) geworden. Die formen
wie serb-kroat. nógā̃ könnten den anschein erwecken, als ob
sie die ursprünglichen wären, zumal, da sie schon seit dem
XIV jhd. bezeugt sind.⁴) Baudouin de Courtenay hat denn
auch die endung a auf betontes ъ zurückführen wollen.⁵)
Oblak macht jedoch mit recht dagegen geltend, dass bei
einer entwickelung von gorá aus горѫ́ die länge der wurzelsilbe unerklärt bliebe, dass ferner beim gen. plur. sester (slov.
sestrá kommt auch vor) der vokaleinschub undenkbar wäre,
wenn die form сестрѫ́ zu grunde läge. Oblak hält daher
gor für die ältere form und gorá für eine neubildung, die
geschaffen wurde, um die gen.-form den anderen möglichst
gleich lang zu machen und eine in den anderen kasus herrschende
endbetonung zu ermöglichen.⁶) Die dehnung der wurzelsilbe
wie im serb-kroat. górā̃ gegenüber dem nom. sing. gòra
scheint nicht im zusammenhang mit der betonung zu stehn.
Die form ist vielmehr wahrscheinlich zu einer zeit, wo sie
noch gor lautete, gedehnt worden, um den verminderten
wortumfang auszugleichen. Denn im serb-kroat. zeigt sich
vielfach das streben, die dauer eines wortes bei silbenabfall
und -zuwachs durch eine gegenwirkende änderung der
vokalquantität möglichst unversehrt zu erhalten,⁷) bei ein-

---

¹) Osthoff, morph. unters. I 207. oder öm. cf. pag. 31.
*) Oblak, arch. XII 438 f.
*) Da es sich fast nur um zweisilbige wörter handelt, mag diese aus-
drucksweise gestattet sein.
⁴) Daničić, istor. 70. 81; Jagić, hist. knjiž. I 108—171. Im slov.
sind sie nach Oblak a. a. o. erst seit dem XVII jhd. zu belegen.
*) Nach Oblaks angabe a. a. o.
*) Man vergleiche hiermit das russ. нгólъ mit betonung des einge-
schobenen vokals.
⁷) Jagić. arch. VIII 607 f. IX 138 f.; Maretić, arch. IX 137 f. Rad
СЛ 32 f.

busse des wortumfangs also zu dehnen, bei wachsendem umfang zu kürzen, z. b. bijel neben bêl. Demnach handelt es
sich nur um die erklärung der einsilbigen genitivformen, wie
sie im russ. горъ etc. vorliegen. Die frage ist, ob die endung
einmal betont war und ob diese aus om oder ōm entstanden
ist. Hinsichtlich der betonung bemerkt Maretić: „Oblici za
gen. pl. ногъ горъ razumiju se sami po sebi.“ Es wird
also angenommen, das ъ im auslaut geschwunden, und der
accent erst infolge dieser wortverkürzung zurückgewichen
sei. Läge diese ansicht nicht vor, so hätte Maretić dort,
wo er über die abweichungen des lit. vom slav. spricht, doch
auch den gen. plur. erwähnen müssen. Seine ansicht beruht
wohl auf Brugmanns, im anschluss an Leskien[1]) ohne rücksicht auf den accent formulierte regel[2]) über den schwund
bzw. ersatz von ъ und ь. Es heisst nämlich, ъ und ь
schwänden in der modern-slav. entwickelung immer im auslaut und meist im inlaut in offener silbe, während beide
vokale in geschlossenen, meist durch schwund von folgendem
ъ und ь entstandenen, silben zum vollen vocal entwickelt
würden, z. b. asl. дьнь, russ. день, serb.-kroat. dân. Jagić[3])
hat diese regel unter hinweis auf молéбенъ: мольбá durch
die bemerkung erweitert, dass entwickelung zum vollen vokal
auch in offenen silben anzunehmen sei, wenn diese den ton
trügen. Diese für die verhältnisse des wortinlauts gegebene

So wird es sich auch wohl erklären, dass die nach der lit. accentqualität im serb-kroat. und čech. zu erwartende quantität nicht immer vorliegt. Dem lit. dúmas entspricht regelrecht čech. dým und serb-kroat. dîm.
Das čak. dim neben dem gen. dîma wird also gedehnt sein, um den anderen
formen in der dauer angepasst zu werden. Dem lit. kaũpas entspricht
regelrecht das čech. kup; im serb-kroat. dagegen findet man kûp, kûpa statt
des zu erwartenden *kûp *kûpa. Hier werden also die längeren formen
den vokal gekürzt haben. Das paradigma *kûp *kûpa konnte dann
leicht zu gunsten der zahlreicheren formen mit ù ausgeglichen werden,
wodurch kûp kùpa etc. entstand.

[1]) Ber. d. sächs. ges. d. wissensch. XXVII 84 f.
[2]) grundr. I 37. 45.
[3]) arch. X 190.

ergänzung ist nun wohl auch für ъ anzunehmen. Bei den
mir bekannten belegen asl. тъпътъ russ. тóпотъ, asl. ръпътъ
russ. рóпотъ, asl. бъхътъ serb.-kroat. bohat könnte man
allerdings einwenden, ъ sei zum vollen vokal entwickelt
worden, um die anlautenden konsonantengruppen тп, рп, бх
zu vermeiden. Bedenkt man aber, dass die lautgruppe рт,
die doch nicht wesentlich leichter als рп auszusprechen ist,
nicht nur nach vokalen, sondern auch nach konsonanten und
im satzanlaut vorkommt, [1]) so darf man den einwand für
рóпотъ doch wohl kaum bestehen lassen. Es liegt nun aber
nah, für den wortauslaut dieselben verhältnisse anzunehmen.
Die annahme der abhängigkeit vom wortaccent scheint denn
auch schon die herrschende geworden zu sein. A. Brückner
sagt: [2]) „Auf jüngeren stufen slavischen sprachlebens ver-
stummten bekanntlich alle halbvokale im auslaute, im in-
laute unmittelbar vor oder nach silben mit vollen vokalen;
zugleich konnten die halbvokale anderer inlautender, durch
diese vorgänge aus einst offenen, geschlossen werdenden silben
durch volle vokale ersetzt werden, wobei einzelne Slavinen
differieren; auslautender halbvokal war nämlich stets tonlos,
der inlautende vor oder nach einer vollvokalischen silbe war
es ebenfalls oder wurde es erst, daher ihr verstummen.“
Diese für den inlaut und auslaut gleiche, und deshalb an-
sprechende erklärung des schwundes der vokale ъ und ь
beruht wohl nicht in letzter linie auf der lautphysiologischen
erwägung, dass ein betonter vokal kaum schwinden könne.
Wenn man hiervon ganz absehn könnte, dann würde man
z, b. für asl. съінъ doch im hinblick auf das lit. sūnùs
gewiss nicht wurzelbetonung vermuten. Wenn ferner der
gen. plur. auf eine idg. endung -óm zurückwiese, [worüber
sich freilich noch reden lässt und geredet werden muss,] dann
wäre die unbetontheit der endung dem lit. děvũ mergũ gegen-

---

[1]) „Кровь ртомъ и носомъ. Однымъ ртомъ и тепло и холодъ.
Ртомъ глядитъ, ничево не слышитъ.“ В. Даль, Толковый словарь
живаго великорусскаго языка.“ IV 106.

[2]) arch. XII 290.

über doch sehr auffällig. Sollte die endung ⱏ aber auch auf idg. -om zurückgehn, so würde man doch über die betonung noch immer im Zweifel bleiben müssen. Dass alle endungen, auf die ein auslautendes ⱏ zurückgehn kann, von idg. zeit her unbetont[1]) gewesen seien, wäre eine unbewiesene und unwahrscheinliche annahme. Bei der mehrzahl mag es der fall gewesen sein, und die wenigen anderen könnten dann ja durch eine zurückziehung des accents angepasst worden sein. Seltsam bliebe es dann aber doch noch, dass gerade auslautendes ĭ und ŭ ihren accent verlieren, um ausfallen zu können. Es lohnt sich daher vielleicht doch, nach einer erklärung zu suchen, die Maretićs stillschweigend angenommenen schwund bei betontheit als möglich erscheinen liesse. Bekanntlich wird lit. mergomìs oft zu mergom̃s, szirdimì zu szirdim̃, szirdimìs zu szirdim̃s, dangumì zu dangum̃ etc. Wie dies vor sich geht, ist meines wissens noch nicht erklärt worden. Damit vergleiche man folgende, von Jagić im arch. IV 491 zitierte, notiz aus dem Slovinac: „Wenn man z. b. worte wie trn, krv, krst nimmt, so hört man eigentlich keinen anderen vokal als den klang der einzelnen laute: t-r-n, k-r-v, k-r-s-t. Das ist die richtige weise, um die Dobrotaer aussprache jener worte zu beurteilen, wo ⱏ und ь verlorengegangen ist; es sind die worte dan, kad, tad, sad, dażd, welche wir übrigen ganz so, wie es hier geschrieben ist, aussprechen; in Dobrota aber ist der schwache vokal so gut

---

[1]) Für II. Hirt ist es eine selbstverständliche sache, dass der slav. gen. plur. unbetont war. „Dass es [das ⱏ der endung] unbetont gewesen sein muss, geht aus dem umstande hervor, dass ein solch reducierter vokal, der in sämtlichen slav. sprachen später abfällt, keinen ton getragen haben kann." I. F. II 359. Wenn dies bei Hirt feststand, dann hätte er sich auch den ausführlichen beweisversuch für die unbetontheit aller anderen auslautenden ⱏ sparen können. Übrigens ist es doch wohl nicht ganz gewiss, dass ein so reducierter laut nicht betont werden konnte. In der dem asl. рⱏпⱏтⱏ zugrunde liegenden form hat man doch wahrscheinlich auch schon etwas betont. Enklitisch war sie doch wohl nicht. Anzunehmen, dass der betonte vokal von vornherein anders gesprochen worden sei, dazu sind wir wohl alle gleich berechtigt, nämlich gar nicht.

wie ganz geschwunden, und man hört: dn, kd, td, sd,
džd." Da nach den erfahrungen der phonetik ein stimm-
hafter, betonter vokal nie schwindet, so muss in wörtern
wie dn etc., wenn sie nicht nur unbetont vorkommen, dem
vokalschwund entweder stimmlosigkeit oder flüsterstimme
vorausgehn. Stimmlose vokale entstehen wie alle stimmlosen
laute dadurch, dass die luft die weit geöffnete bänderglottis
durchstreicht. Die gewöhnlichste art der flüsterstimme kommt
dadurch zu stande, dass die luft bei geschlossener bänderglottis die offene knorpelglottis durchstreift.[1] Stimmlose
und geflüsterte vocale können vernehmbar bleiben, neigen
aber naturgemäss sehr zum schwund. Am längsten hörbar
bleiben geschlossene vokale wie i und u. Da die vernehm-
barkeit der charakteristischen klangfarbe aber bedingung
ist, um derartige abweichungen vom normalen sprechen
überhaupt zu gestatten, so findet sich stimmlosigkeit und flüsterstimme, von konsonanten abgesehn, am häufigsten bei i und
u. Flüsterlaute werden für das madegassische,[2] für ameri-
kanische sprachen,[3] für das port.,[4] franz. und engl. bezeugt,
und stimmlose vokale sind mindestens beim franz. und engl.
sicher nachgewiesen.[5] Allerdings befinden sich diese laute
fast immer in unbetonten silben. Das franz. hat jedoch gar
nicht selten am ende des aussagesatzes, wo die stimme sinkt,
auch bei einem zwar exspiratorisch schwach betonten, immerhin
aber doch noch betonten vokale die flüsterstimme, wie in
dem satze: „Il est parti." In der frage „Est-il parti?"
dagegen kommt sie nicht vor. Es zeigt sich also, dass die
musikalische tieftonigkeit voraussetzung ist. Da in den an-

---

[1] Sweet, primer of phonetics 10; Sievers, phonetik* 27; Vietor,
elem. d. phon.² 8. Eine andere art des flüsterns findet sich z. b. bei
der aussprache des arab. ζ [engl. wheeze]. Hierzu Sweet, a. a. o. 12.

[2] Durch Stonn, zitiert bei Sweet, handb. 211.

[3] Durch Haldemann, nach Passy, ehang. phon. 96.

[4] D. Sweet, Passy u. a.

[5] Nach Sweet ist auch n im russ. pýкъ zuweilen stimmlos. Trans-
actions of the philological society (London) 1877—79.

geführten beispielen aus dem lit. und dobrotaer dialekt nur
kurze, also gestossen betonte vokale schwinden, so wird die
bedingung mindestens erfüllt. Dass es sich gerade um i
und u handelt, spricht dafür. Dass derartige laute aber
nicht etwa ausnahmslos der jüngsten zeit angehören, lässt
sich in der weise wahrscheinlich machen, wie man in der
sprachwissenschaft zu beweisen pflegt. Wenn rückschlüsse
auf die laute vergangener zeiten überhaupt gestattet sind,
dann darf man behaupten, dass schon die idg. ursprache
von der flüsterstimme gebrauch gemacht hat, und zwar in
weit grösserem umfang als jede uns bekannte sprache. Die flüster-
stimme in
der idg. ur-
sprache.
Meines wissens ist P. Passy der erste und einzige, der, um
die musikalische betonung des idg. zu verteidigen, unter
anderen auch auf diesen umstand aufmerksam gemacht hat·
Nicht alles, was er gegen die annahme eines exspiratorischen
accentes vorbringt, kann heute als stichhaltig angesehn
werden. Eins aber bleibt bestehn, und zwar das für die
vorliegende frage ausschlaggebende, die unerklärte art der
vokalreduktion. Um sicher zu gehn, sind alle fälle ausser
acht zu lassen, die verschieden gedeutet werden können,
wie die nasalis und liquida sonans. Wie aber erklärt der
exspiratorische accent allein, dass * $s\underline{u}ep$- (aisl. svefn) zu
* sup- (gr. $\H{v}\pi vo\varsigma$) wird? Wie erklärt man *bhudh- (got.
budans) neben * $bh\underline{e}udh$- (got. biudiþ)? Die lautphysiologischen bedenken, die Misteli[1]) und Curtius[2]) vorgebracht,
müssen noch immer nicht verstummen, wie Osthoff[3]) es
schon vor jahren angenommen. Auch wenn ī und ū als
übergangsstufen nachgewiesen wären, würde das „aus-
springen" des e um nichts begreiflicher bleiben als das von
der alten gunatheorie behauptete „einspringen" eines a in
den wortkörper. Die quantität des i und u ändert nicht die
qualität, braucht es wenigstens nicht. Immer bleibt der

---

[1]) Zeitschr. f. völkerpsych. XI 240 ff.
[2]) Verb. d. griech. sprache. II² 38 f.
[3]) Morph. unters. IV 348.

vorgang, dass der am meisten sonore laut zuerst schwindet.
Nimmt man dagegen an, dass die unbetonte silbe geflüstert
wurde, so muss e eher fallen als i und u. Wer der theorie
nicht glaubt, spreche mit vollstimme * su̯épnos und verlege
den accent auf die endung: das resultat ist * su̯epnós oder
* sepnós. Man flüstere * suepnós und es ergiebt sich un-
fehlbar * supnós. Diese auffassung ist imstande, jede uns
bekannte idg. vokalreduktion zu erklären, die herrschende
ist es nicht. Ist die flüsterstimme aber im weiteren umfange
für die idg. urzeit anzuerkennen und zwar gerade für die
epoche, der man den exspiratorischen accent zugeschrieben
hat, so ist die notwendige konsequenz die annahme eines
stark melodischen elements für die ganze zeit vor der völkertrennung. Dies steht auch in einklang mit der beobachtung
eines der scharfsinnigsten sprachforscher, A. H. Sayce, dass
alles, was in jüngeren epochen durch idiotismen und syn-
taktische mittel erreicht wird, einst durch die unmittelbar
wirkende muskelthätigkeit der stimmhebung und geste erzielt
wurde. Ein einwand könnte allerdings gemacht werden.
Die silbe nach dem hauptton dürfte nach der theorie d(e)s
musikalischen accents nicht reduciert werden; es könnte e
zu o werden, aber nicht zu ə oder gar schwinden. Und
doch ist die progressive wirkung des accentes bewiesen.
Dagegen darf man aber wohl bemerken, dass es immerhin
noch einige o in nachtoniger silbe giebt. Dass sie alle durch
ausgleichung innerhalb eines paradigmas entstanden seien, ist eine
annahme, die noch des beweises harrt. Die nachgewiesenen fälle
der reduktion aber lassen sich ebensogut durch den satzzusammenhang erklären wie so vieles andere, das sonst noch immer unver-
ständlich wäre. Wir sehen im ai. einen für ursprünglichen anudâtta
eingetretenen svarita zu einem anudâttatara werden, wenn ein
udâtta unmittelbar folgt z. b. यथा तत. Nehmen wir dasselbe für die idg. urzeit an, so erhalten wir reduktion
zwischen zwei hochtonigen silben, während sonst die nach-
tonige erhalten bezw. nur qualitativ modifiziert wird. Dass
ausgleichungen dann später manches geändert haben, muss

bei dieser voraussetzung natürlich ebensogut angenommen
werden wie bei jeder anderen.

Dürfen wir nun aber annehmen, dass flüsterlaute vor
und nach der urslav. zeit vorhanden gewesen sind, dann ist
es wohl nicht mehr zu kühn, sie mindestens auch für die
epoche selbst für möglich zu erklären. Dann darf aber auch
nicht von vornherein angenommen werden, dass der gen.
plur. im slav. stets wurzelbetont war. Wenn es also keine
anderen kriterien für den ursprünglichen accent des gen.
plur. giebt als die von der annahme eines exspiratorischen
elementes allein ausgehenden, dann ist die frage vorläufig
unentschieden zu lassen. [1])

Worauf ҄ zurückgeht, auf ōm oder auf om, diese frage҄ aus om
würde man vom standpunkte des slav. aus zu gunsten von oder om?
om entscheiden müssen. Denn Zubatý's annahme, [2]) dass der
unterschied im nasal die von камы abweichende behandlung
bedingt habe, setzt voraus, dass idg. m im slav. und lit.
unabhängig von einander zu n geworden sei, wass gewiss
möglich, aber unwahrscheinlich und nicht bewiesen ist.
Streitberg's vermutung, [3]) dass die accentqualität das wesent-
liche sei, hat wohl mehr anspruch auf wahrscheinlichkeit,
kann aber auch nicht bewiesen werden, da das *ōm des
gen. plur. vereinzelt dastehn würde. Gegen die herleitung
aus om spricht jedoch das griech. ἱπποδῶν, das bei Osthoff's
annahme der endung om für konsonantische stämme ganz
unerklärt bleibt. Dass man das durch kontraktion entstandene
ōm mit schleifendem ton von vokalischen stämmen auf konsonantische übertragen hat, wie z. b. ποδῶν, ist leicht verständlich. Dass man ōm statt om angenommen habe, dabei
aber die accentqualität des ọm geändert habe, ist un-

---

[1]) Spricht der čech. gen. plur. much neben dem nom. sing. moucha
nicht für endbetonung? Bei meiner nicht genügenden kenntnis der čech.
lautgeschichte wäge ich es nicht zu beantworten. Ich denke dabei an einen
wechsel wie vzhůru zu hora.

[2]) arch. XV. 510.

[3]) I. F. I 292:

begreiflich, da o mit gestossenem ton eben ein anderer vokal
ist als ō mit schleifendem ton. Man wird daher wohl besser
thun, Osthoffs hypothetische endung om durch die in ἱπποδών
vorliegende endung ōm mit gestossenem ton zu ersetzen,
aus der bei e-stämmen etc. durch kontraktion ōm mit
schleifendem accent entstand. Da nun ōn mit gestossenem
ton im slavischen zu ᴑ wurde, wie камᴑ zeigt, so wird
Streitbergs hypothese wahrscheinlich, dass ōm mit schleifendem
ton im slav. verkürzung des ersten komponenten erlitt. Mithin
wird man für das balt-slav. die endung -ōm annehmen dürfen,
die im lit. zu ů wurde, im slav. über om zu ъ

gen. sing.
nom|acc.
plur.

Schon im idg. sind bei den ā-stämmen die formen für
den gen. sing. und nom. acc. plur. lautlich zusammengefallen,
und es scheint, dass die tonqualität ebenfalls bei allen dreien
gleich gewesen. Der idg. gen. sing. *ronkās hatte nach
dem zeugnis des lit. mergōs, des griech. τιμῆς und des got.
gibōs schleifenden accent. Ob *ās aus ā + es entstanden
oder aus ā + so, wie Streitberg annimmt, mag dahingestellt
bleiben, da sich die tonqualität in jedem falle erklärt. Im
acc. plur. dagegen hat das lit. gestossenen accent und daher
verkürzung des endvokals: rankàs, [1]) während das got. gibōs
und ai. श्रम्बास् mit zweisilbig gelesener endung auf einen
schleifenden ton weisen, der mit J. Schmidts [2]) zurückführung
des ās auf āns in einklang steht. Hirt [3]) erklärt daher das
lit. rankàs für eine analogiebildung nach kraztùs naktìs
dangùs. Man muss diese deutung annehmen, weil die herleitung von rankàs aus *ronkās ausgeschlossen ist und die
unmittelbare zurückführung auf *idg. *ronkās mit gestossenem ton eine sonst nicht belegte acc.-endung s anzunehmen zwänge. [4])

---

[1]) cf. rankos-nà.
[2]) K. Z. XXVI 33 f.
[3]) I. F. I 7.
[4]) vielleicht hat der wunsch, die in den lauten und tonqualitäten zu-
sammengefallenen formen des nom. acc. pl. * ronkās zu scheiden, die analogiebildung hervorgerufen. Allerdings waren beide durch die stelle des

Im slav. erscheint e i n e form für alle drei kasus. Von
diesen haben der nom. und acc. pl. wurzelbetonung, der
gen. sing. endbetonung. Wegen des accents, der im gen.
sing. und nom. plur. dem lit. entspricht, möchte Hirt[1]) die
endung ꙑ unmittelbar auf idg. -ās zurückführen. Der
slav. acc. plur. würde dann ein ursprünglicher nom. sein.
So erwünscht eine solche deutung einer untersuchung über
die betonung sein muss, so entschieden ist sie doch zurückzuweisen, wenn der übergang von idg. ā zu asl. ꙑ noch
nicht sicher nachgewiesen ist. Bis jetzt ist er aber noch
nicht einmal wahrscheinlich gemacht. Zudem weist ꙁмниꙗ
doch entschieden auf einen nasal. Man wird aber trotz den
dadurch entstehenden schwierigkeiten auch bei рѫкꙑ
von einer nasalierten form ausgehn müssen, und eine solche
wird im acc. plur. am leichtesten verständlich. Auffallend
bleibt jedoch vor allem, dass die acc.-endung dann nicht mit
der ihr zukommenden endbetonung übernommen wurde.
Vielleicht darf man folgenden vorgang vermuten, wenn auch
zuzugestehen ist, dass sich nichts beweisen oder auch nur
wahrscheinlich machen lässt, dass es sich also nur um eine
annahme handelt, die sich ohne änderung der anerkannten
lautgesetze den komplizierten entlehnungsprozess so vorstellt,
wie er verlaufen sein k a n n. Bei einer regelrechten laut-

wortaccents schon gekennzeichnet. Man würde also einen exspiratorisch
weit schwächeren accent als den heutigen voraussetzen müssen. Ich halte
es für nötig, eine begründung mindestens zu v e r s u c h e n, weil der ersatz
eines schleifenden tons durch einen gestossenen doch nicht etwa eine alltägliche erscheinung ist. Hirts berufung auf das ai. allein scheint mir auch
nicht zu genügen, wenn das ergebnis auch richtig ist. Man kann nicht
sagen: „Wir haben keinen grund, das zeugnis des ind. für diesen fall zu
bezweifeln." Denn wir haben deren drei: 1. in angelegenheiten der tonqualität verdient das lit. im allgemeinen mehr glauben als jede andere sprache.
2. Die ai. und ͺot. acc. könnten nom.-formen sein, da völliger zusammenfall vorliegt, während im lit. rankos neben rankàs steht. 3. Das zeugnis
des ai. zwingt zur annahme einer analogiebildung, was immer bequem, aber
auch immer bedenklich ist.

¹) I. F. II.

entwickelung entstanden bei den ä-stämmen vier auf ä auslautende formen, der nom. gen. sing. und nom. acc. plur.
Die endung hatte im nom. sing. gestossenen ton, in den anderen kasus schleifenden. Der wortaccent ruhte im nom.
plur. auf der wurzel, in den anderen fällen auf der endung.
Der acc. plur. fiel also völlig mit dem gen. sing. zusammen,
und man kann sich deshalb vorstellen, dass er frühzeitig
durch die syntaktisch nahestehende form des nom. plur. ver-
treten wurde. So erhielt man drei für ein feines gehör un-
terscheidbare formen: nom. sing. ronkä, gen. sing. ronkä,
nom. acc. plur. roñkä. Nun darf man wohl annehmen, dass
die unterscheidung des nom. sing. vom gen sing. durch den
satzzusammenhang mehr erleichtert wurde als die des nom.
sing. vom nom. plur. ¹) Wurde demnach bei der schwachen
exspiratorischen betonung, die wir für die urslav. zeit voraussetzen dürfen, eine unterscheidung nötig, womit noch nicht
gesagt ist, dass der wortaccent überhaupt nicht mehr ge-
fühlt wurde, so lag es nahe, zunächst den nom. plur. vom
nom. sing. zu sondern. Nahm man nun die endung eines
casus rectus plur. aus anderen stämmen herüber, so konnte
bei dem schon früher erfolgten zusammenfall des nom. mit
dem acc. und der dadurch hervorgerufenen mangelhaften
syntaktischen unterscheidung leicht die vielleicht mehr gebrauchte acc.-endung entlehnt werden. Während sich dieser
prozess vollzog, also das schleifend betonte a des nom. acc.
plur. durch ҥ bezw. den ihm zugrunde liegenden laut ersetzt wurde, mochte sich nun auch noch das bedürfnis
geltend machen, die an gleicher stelle betonten formen des
nom. und. gen. sing. durch eine so bequeme, einmal sanctio-
nierte art von einander zu trennen. Beim gen. sing. aber
war eine so deutliche unterscheidung vom nom. plur. wie

¹) das wort рҗкҗ ist freilich in diesem zusammenhang nicht das ge-
eignetste beispiel, da man vermutlich den dual. mehr als den plur. gebraucht
hat. Es ist nur beibehalten worden, weil es einmal als muster für alle
sämmt angenommen ist.

bei diesem vom nom. sing. wegen der syntaktischen erkeun-
barkeit nicht nötig. Man konnte demnach den für das
schleifend betonte a des nom. acc. plur. eingetretenen ersatz-
laut auch für das qualitativ gleichbetonte a des gen. sing.
annehmen, da abgesehn vom zusammenhang auch die stelle
des wortaccents noch immer etwas unterscheidung bot, und
ein zwang zu weiterer differenzierung also nicht vorlag.
Eine solche deutung, mit annahme bewusster und un-
bewusster analogiebildung mag derartig gesucht erscheinen,
dass man eine unmittelbare herleitung aus den idg. formen
selbst bei lautlichen schwierigkeiten doch vorziehn möchte.
Dass es ein notbehelf ist, lässt sich ja auch nicht in abrede
stellen. Zur rechtfertigung darf man aber doch bemerken,
dass vielleicht auf keinem sprachgebiete mehr mit analogiebildungen zu rechnen ist als auf dem slav., und dass sie
vielleicht ebenso oft bewusst wie unbewusst vorgenommen
werden. Auch werden die vorgänge, deren darstellung auf
ein paar seiten so unannehmbar verwickelt erscheint, doch
wohl verhältnissmässig einfache genannt werden dürfen, wenn
man sie, wie die wirklichkeit es thut, sich im laufe der zeit,
wenn auch nur innerhalb einiger jahrzehnte, abspielen lässt.
Doch wie sich dies auch verhalten mag, schon nach dem
zeugnis des lit. wird man annehmen dürfen, dass der gen.
sing. u. acc. pl. endbetonung hatten, der nom. pl. dagegen
wurzelbetonung.

Der lit. instr. pl. *rankomis-mi, statt raṅkomis nach ^{instr. pl.}
mergomis, und der asl. ρѫками lassen sich auf dieselbe form
zurückführen: *ronkāmīs. Die betonung jedoch weicht im
slav. vom lit. ab, da nach dem russ. рукáми etc. der accent
auf dem stammsuffix anzunehmen ist. Dass die kasusendung
-mi auch im slav. betont vorkam, zeigen die e-stämme, die
ihre alte instr. form zum teil erhalten haben, z. b. russ.
костьмѝ = asl. костьми. Der schwund des ь im čech.
kostmi, slov. kostmi bestätigt diese betonung insofern, als
der accent nur auf der wurzel oder der kasusendung angenommen werden kann, und daher wohl nach dem russ. an-

gesetzt werden darf. Da nun die überlieferte slav. betonung
рѫкѫ́мн sich als angleichung an den dat. plur. erklären
lässt,[1]) eine entwickelung des lit. mergomis aus *mergómis
nicht verständlich ist, da das durch das slav. erwiesene lange
i der endung nur betont gekürzt sein kann, so muss man
annehmen, dass die älteste balt-slav. betonung des instr.
plur. die des lit. war.

loc. plur.   Da neben der häufigen endung -su auch -si[2]) und s[3])
vorkommt, so wird wohl mit recht gefolgert, dass der dem
s folgende vokal ein hinweisendes adverbiales element ist.
Wenn nun aus *ronkâs *ronkâs-è gebildet wurde, so ge-
schah dies wohl kaum mit einer gegensätzlichen betonung
zu -su -sa.[4]) Steht aber die betonung für das lit. fest, so
wird man sie auch im slav. erwarten. Ob dann im urslav.
das betonte auslautende ъ durch stimmlosigkeit oder flüsterstimme schwand, und die verkürzte form mit dem dat. die
accentzurückziehung des instr. veranlasste, oder ob der loc.
und instr. beide unmittelbar nach analogie des dat. die betonung des stammsuffixes annahmen, ist wohl nicht zu entscheiden. Auf jeden fall aber wird man berechtigt sein, die
lit. form als den repräsentanten der ältesten balt-slav. betonung anzusehn.

nom. acc. pl.   Wie bereits erwähnt, ist nach J. Schmidt's untersuchungen
neutr.   der nom./acc. plur. der neutra als eine kollektivbildung anzusehn. J. Schmidt hat auch darauf aufmerksam gemacht,
dass diese form schon in der ursprache durch die betonung

----

[1]) im serb-kroat. herrscht dieselbe form für den dat. instr. loc. pl.
im slov. dieselbe für den dat. und instr.

[2]) gr.-σι, av. ᵛ࿇ (Bartholomae BB. XIII 84 f.) Bugge, beitr. z. erl.
d. arm. sprache 47 f. vermutet auch im gen.-zeichen *ɡ* (z. b. *ɋᵐʲʅ*ⁿ*ɡ*

ɗᵤᵣɡ   ɋᵤᵗⁿᵖɡ etc.) si̯ + en. cf. jedoch Brugmann, grundr. II 690.

[3]) lat. dĕvâs Comiscâs. Die lat. beispiele könnten jedoch auch durch
ausfall eines vokals entstanden sein. gr. ἵπποις ist, wie h. prof. W. Schulze
mich belehrt, wohl sandhiform zu ἵπποισι.

[4]) erhalten in namdsa.

von dem zugehörigen substantivum unterschieden wurde.[1]
Beim slav. neutrum findet nun derselbe wechsel zwischen dem
sing. und plur. statt, wie er bei gr. φυλή : φῖλον, μῆρα : μηρός
vorliegt, z. b. russ. блюдо : блюда́, мѣсто : мѣста́ etc., serb.-
kroat. dȓvo : dȑva, màslo : màsla etc., russ. вино́ : ви́на, окно́ :
о́кна etc., serb.-kroat. sèdlo : sèdla, sèlo : sèla etc. Ist J. Schmidt's
zerlegung des lit. eżeraĩ in eżerō + i richtig, so hat dieser
wechsel auch dort bestanden, so lange eben noch neutra
existierten. Wenn nun auch die zahl der neutra, die im
slav. heute noch beweglichen accent haben, keine sehr grosse
ist — im russ. sind es etwa 100 —, so ist doch die slav.
sprachgruppe die einzige von allen indogermanischen, die
diesen accentwechsel auch innerhalb der deklination desselben wortes nicht ausgeglichen hat. Diese thatsache
aber berechtigt dazu, auch in anderen fällen der slav.
zunächst dieselbe glaubwürdigkeit beizumessen wie der
altindischen. Maretić geht von der zweifellos unrichtigen
ansicht aus, dass die ai. und gr. sprache den idg. accent
in allen fällen am treuesten bewahrt hätten. Deshalb hält
er auch die ganze bewegliche accentuation bei slav. vokalischen stämmen für eine analogiebildung nach den einsilbigen konsonantischen wie ai. वाक् पाद्. Bekanntlich sind nun derartige stämme auf slav. gebiete überhaupt
noch nicht aufgefunden worden, und das alleinstehende
lit. szů hat schon so viele kasusformen von anderen stämmen
entlehnt, dass es auch nicht gerade den eindruck macht,
einst viel einfluss ausgeübt zu haben. Was vorher einmal
geschehn, als vielleicht noch andere konsonantische einsilbige
stämme auf balt-slav. gebiete existierten, das kann niemand
wissen. Es giebt aber einfach gar nichts, was den ein-

---

[1] plurab. d. neutr. 6. 41. 48. 92. 136. 146 f. 203. 206. 214. 226.;
cf. Kretschmer KZ. XXXI 341.

[*] dio russ. masc. plur. auf a sind immer endbetont, da der sing.
wurzelbetont, z. b. лѣса́ : лѣсъ, лѣса etc. Dualformen wie берегá, рдазá
betonen wie die kollektivbildungen. Darüber unter III.

fluss dieser vorausgesetzten deklinations-klasse auch nur im
geringsten Masse wahrscheinlich machen könnte. Andererseits sind spuren einstigen accentwechsels bei vokalischen
stämmen auch in andern idg. sprachen wie beispw. im ai. [1])
und germ. [2]) vorhanden. Also muss man annehmen, dass das
nach abzug alles nachweislich modernen erscheinende balt-slav.
paradigma die idg. betonung unmittelbar fortsetzt.

grundfürdie   Nur e i n e frage bleibt noch zu beantworten: Warum
begrenzung
der beweg1.haben nur diejenigen ä-stämme bewegliche betonung, die im
betonung. nom. sing. oxytoniert sind? Anzunehmen, der nom. sing.
sei immer endbetont gewesen, ist nicht gestattet, wenn es
auch wohl in den meisten fällen so war. Denn dagegen
spricht die nicht geringe anzahl der neutra, die im plur.
wurzelbetonung haben. Es ist möglich, dass die betonung
der adjectiva bei dieser frage mitgesprochen hat. Dort scheint
nur der e i n e der beiden möglichen fälle vorgelegen zu
haben, nämlich die suffixbetonung, [3]) da das neutr. im sing.
wurzelbetont war. Wenn nun die adjectiva mit beweglichem
accent neben substantiven mit erstarrter betonung gebraucht
wurden, die teils oxytoniert, teils barytoniert waren, dann
konnte sich wohl die vorstellung bilden, die stete beweglichkeit der adjectivbetonung sei durch die oxytonierung des
nom. sing. fem. generis bedingt. Die entsprechenden substantiva, gewiss in der überzahl, konnten die anschauung
noch befestigen.

---

[1]) Osthoff, morph. unters. II 12.

[2]) Kluge, P.'s grundr. d. germ. phil. I 387.

[3]) Wenn im russ. auch der sing. des neutr. endbetont erscheint, so
darf dies als produkt späterer ausgleichung angesehn werden. Denn wo
das neutr. endbetont ist, sind es auch die anderen formen, das masc. infolge
der verkürzung: ролъ роѕа роѕо́, und zwar, von 8 fällen abgesehn, auch
der plur.: бѣлъ бѣла́ бѣло́; бѣлы́. Endbetonung des neutrums neben
wurzelbetonung des fem. kommt nicht vor.

Ob für die i̯ā- und i̯ē-tsämme dasselbe galt wie für die i̯ā- und i̯ē-stämme. ā-stämme, muss zweifelhaft bleiben. Dafür spricht der umstand, dass in der modern-balt.-slav. entwickelung keine wesentlichen abweichungen vorliegen.

Es bleibt aber immerhin möglich, dass die zahlreicheren ā-stämme wie in der lautlichen entwickelung so auch in der betonung das muster abgegeben und die anderen stämme zur anpassung veranlasst haben.

II.

Die *ej*- und *ey*-stämme, sowie die *e*- und *ej*-stämme.

Da einerseits die nahverwandten *ej*- und *ey*-stämme nicht ohne nachtheil für die übersicht von einander getrennt werden können, da sich andererseits aber wieder die *ey*-stämme im modern-slav. mit den *e*-stämmen zu einem einheitlichen paradigma vereiuigt haben, so empfiehlt es sich, das lit., das die ursprünglichen verhältnisse im allgemeinen noch heute zeigt, zunächst allein zu behandeln, und dann zu sehn, wieweit das slav. entsprechendes bietet.

Die lit. *ej*- und *ey*-stämme stimmen in der betonung fast ganz überein. Wie bei den ā-stämmen zeigt sich auch hier ein beweglicher accent nur bei den im nom. sing. oxytonierten substantiven, und zwar haben diese im dat. acc. sing. und nom. plur. wurzelbetonung, in allen anderen kasus dagegen endbetonung. Eine ausnahme bilden einige *ej*- und *ey*-stämme, die im acc. plur. die wurzel betonen. Da aber die mehrzahl der *ey*-stämme, die im nom. sing. auf -ius endigen, umgekehrt den acc. plur. oxytoniert, und zwar diesen kasus ganz allein, und da in allen drei fällen der acc. plur. durch die abweichende betonung vom nom. sing. unterschieden wird, so darf man wohl vermuten, dass der wunsch dieser unterscheidung die ausnahme hervorgerufen hat. Demnach würde sich folgendes paradigma ergeben:

ej-stämme.

sing.	plur.
n. naktis	n. näktys
g. naktēs	g. nakcziū

d. nākcziai [1])	d. naktìms
a. nākti	a. naktìs
i. naktimì	i. naktimìs
l. naktyjè	l. naktysè
v. naktė̃	

eu̯-stämme.

sing.	plur.
n. sûnùs	n. súnūs
g. sûnaũs	g. sûnũ
d. súnui	d. sûnùms
a. súnɳ	a. dangùs [2])
i. sûnumì	i. sûnumìs
l. sûnujè	l. sûnùsė.
v. sûnaũ	

Von diesen formen sind je zwei als spezifisch lit. neubildungen ^{2 lit. neu-} zu betrachten. Alle anderen können auf idg. bildungen zu-^{bildungen.} rückgeführt werden, auf deren vorhandensein innerhalb der ei̯- und eu̯-klasse auch andere sprachen deuten. Die neubildungen sind der dat. und loc. sing. Nākcziai und vāgini sind wohl sicher analogiebildungen ^{dat. sing.} nach den i̯ā- bezw. ei̯-stämmen. Der alit. dat. vēsz-paty weist wohl wie asl. нощн пѫтн, lett. si'rdi, ved. जती, av. ⟨script⟩ auf einen schon in idg. zeit dativisch gebrauchte instr. auf -ī, wie dies auch vielleicht beim lat. ovī der fall ist.

Der loc. naktyjè sûnūjè entstand nach Brugmann's wohl ^{loc. sing.} zutreffender deutung dadurch, dass man von raṅkoje ein suffixelement -je [statt -e] abstrahierte. Nakty- und sûnū- könnten dann die ai. मती av. ⟨script⟩ entsprechenden instr. formen sein(?)

Nicht sicher zu deuten ist der nom. plur. nāktys súnūs. ^{nom. plur.} Am richtigsten erscheint mir Hirts [3]) zusammenstellung der

---

[1]) masc. endigen auf -iui, z. b. vāgiui.
[2]) der acc. plur. von sûnùs lautet súnus.
[3]) I. F. I 7.

form näktys mit den ved. nom/acc. plur. fem. generis auf
-īs, da die dem lit. schleifenden ton entsprechende zweisilbige messung durch Oldenberg bezeugt ist, und auch asl.
ноцрн so erklärt werden könnte. Ob es jedoch richtig ist,
diese form nur für die feminina anzunehmen, scheint mir
zweifelhaft zu sein. Dafür spricht allerdings das asl.
пѫтькѩ пѫтньѩ neben ноцрн Dagegen spricht aber die
thatsache, dass diese formen im av. und lit. auch bei mascu-
linis vorkommen.[1]) So gut, wie man nun eine übertragung
von fem. auf masc. annimmt, könnte man sich auch denken,
dass die zwei auf andere weise entstandenen nom.-formen
nachträglich als unterscheidungsmittel benutzt wurden. Auch
bleibt das lit. súnūs mit seinem auffälligen parallelismus unerklärt. Sollte man nun nicht, so kühn es auch scheinen
mag, die av. acc. wie ѡ҆Ի҆ꜥꝑꙷꝯ und die ai. धेनूस् ebensogut
zu lit. súnūs stellen dürfen wie अवीस् zu näktys? Dann
liesse sich vielleicht eine erklärung geben, die eine von jedem
differenzierungstrieb unabhängige lautliche entstehung zuliesse.
Diese erklärung, die jedoch nur als eine zweifelnd geäusserte

*nom.-bild-*vermutung hingestellt werden soll, ist folgende. Es gab bei
ungen im
idg. den *ei*- und *eu*-stämmen zwei durch den accent verschieden
gestaltete formen des nom. pl. War die wurzel betont, so
hatte das stammsuffix die schwache form i bezw. u. Mit
dem kasussuffix -es ergab sich nach langer silbe und
nach konsonantengruppen *⌣ijes *⌣uꝑes, woraus *⌣is
und *⌣us mit schleifendem ton entstehen konnte. Solche
formen könnten vorliegen im ai. अवीस् धेनूस् , avest.
ѡ҆Ի҆ꜥꝑꙷꝯ ѡ҆Ի҆ꜥꝑꙷꝯ im lit. näktys súnūs, asl. ноцрн, lat. ovīs
manūs, air. 𝔯𝔞𝔯𝔦𝔯 got. ansteis. Selbstverständlich kann ansteis auch auf *-ejes zurückgeführt werden, manūs auch auf
*-eꝑes. Aber die unerklärten ar. und lit.[2]) formen bleiben

---

[1]) um von dem wegen der dürftigkeit des sprachmaterials nicht sicher
zu erklärenden osk. aídilis abzusehn.

[2]) J. Schmidt's herleitung des lit. ys aus *ijes aus ejes (nach h. prof.

bestehn, und für ovīs нοψн muss schon die deutung als acc.
vorgenommen werden, um die bildungen verständlich zu
machen. Für die wurzelbetonung spricht lit. nāktys súnūs,
asl. нοψн [russ. нóчн, serb-kroat. nòći] Dagegen spricht
nichts, da die ai *eį*- und *eų*-deklination mit ihrer festen betonung nicht mehr beweiskräftig ist. Stand der accent auf
dem stammsuffix, so hatte dieses vollstufenvokalismus, woraus
mit der endung -es *éįes *eųes entstand, wie in अर्वयम्
सूनवस् etc. Die suffixbetonung des asl. пᴙтнıє cᴑнοвı
ist nicht zu beweisen, aber auch nicht zu widerlegen. Wenn
nun beide nom.-bildungen im idg. nebeneinander bestanden
haben sollten, so wäre die entstehung doch wohl verschiedenen
zeiten zuzusprechen. Der gedanke liegt nahe, dass die
wurzelbetonte form die ältere war und bei dem wachwerdenden
wunsche, den unterschied starker und schwacher kasus auf-
zuheben, einer neubildung weichen musste.

Abgesehen von den beiden lit. neubildungen, dem dat. ^{Die übrigen} kasus:2 mit
und loc. sing., sowie dem nicht mit sicherheit zu deutenden starkem, 8
nom. plur., weisen 2 kasus auf eine starke suffixform, 8 auf ^{mit} schwachem
eine schwache. Die formen mit starkem suffix sind der voc. suffix.
und gen. sing.

Der voc. naktĕ̄ sūnaŭ weist auf die idg. endung *eį ^{voc. sing.}
*eų mit schleifendem ton, was bereits im I. abschnitt be-
handelt worden ist.

Der gen sing. naktḗs súnaŭs deutet auf die endungen gen. sing.
*-eįs *-eųs mit schleifendem accent, die nach Streitbergs
untersuchung über die entstehung der dehnstufe aus *-eį-so
*-eų-so zu erklären sind.

Der acc. sing. nākti súnu̜ hat die den idg. endungen acc. sing.
*-im *-um entsprechende wurzelbetonung.

Drei von den kasus mit schwacher suffixform betonen
diese, der acc. pl., dat. plur. und nom sing.

Schulze's mitteilung) ist nicht haltbar, da idg. *ņéįō zu lit. rejù wird
während im slav. heterosyllabische eį immer ьɪ, нı wird: ѕнѣʁ, тρнıє etc.

Der acc. plur. naktis dangùs setzt die endungen *-īns *-ūns mit gestossenem ton vorans. Da ū oder u aus *eṷ nur entstanden sein kann, wenn es unbetont war, so muss man annehmen, dass dem schwachen acc. früher ein starker vorausgegangen.

Der dat. plur. naktìms (naktimus) sūnùms (sūnumus) setzt eine endung *-i̯- [mus?] *-ú- [mus?] voraus, der nom. sing. naktis sūnùs weist auf *ĭs *ús. Beide widersprechen also der theorie des ablauts.

Die übrigen formen mit schwachem stammsuffix betonen regelrecht das kasussuffix.

Der instr. sing. naktimì sūnumì setzt die endung *i-mí *u-mí voraus. Ob das auslautende i unter einfluss des suffixes -bhi an die instr.-endung -īm angetreten ist, wie Hirt[1]) vermutet, muss als zweifelhaft dahingestellt werden, da sich das kurze i dabei nicht erklärt.

Der gen. plur. nakcziū sūnū (aus *sūni̯ū wie szū̃ aus aus *szi̯ū̃) weist auf die endung *-i̯-ōm *-i̯-ōm mit schleifendem ton aus der e-deklination, was bei den ā-stämmen besprochen worden ist.

Der loc. plur naktysè (naktỹs naktysu) sūnùsè (sūnū̃s sūnūsu) ist nach Brugmann[2]) aus *isu *usu nach *āsu zu *īsu *ūsu umgestaltet worden, letzteres dann nach den e-stämmen zu *ūsu.

Der instr. plur. naktimìs -mì sūnumìs -mì deutet auf die endung *i-mì(s) *u-mì(s).

Die substantiva der e-klasse, der sich die im nom. sing. auf -ias endenden i̯e-stämme ganz angeschlossen haben, verteilen sich hinsichtlich ihrer betonung auf drei gruppen. Die der ersten betonen im nom. gen. dat. acc. sing. die wurzel, in allen anderen kasus die endung. Die wörter der zweiten gruppe stimmen hiermit im sing. überein, betonen dagegen im plur. nur im acc. die endung. Man wird annehmen

---

[1]) I F. I 26.
[2]) grundr. II 705.

dürfen, dass diese betonung das produkt einer ausgleichung
ist. Denn für den loc. wird man gewiss ursprüngliche endbetonung voraussetzen müssen, ebenso für den nom. plur.,
wenn man J. Schmidt's deutung[1]) annimmt, und für die
anderen, obliquen, kasus ist sie mindestens wahrscheinlich. Dazu kommt noch, dass die je-stämme wie gaidẏs eine dieser
gruppe eigene betonung nicht kennen, während sie sonst
ziemlich genau entsprechen. Endlich ist bemerkenswert, dass
sich die zweite gruppe zur ersten verhält, wie es auch bei
den â-stämmen der fall ist, wo die entstehung aus der ersten
als gesichert angenommen werden darf. Die substantiva der
dritten gruppe haben im ganzen sing. wurzelbetonung, im
plur. dagegen accentuieren sie wie die der ersten mit ausnahme des acc. Da dieser aber eine frühere endung ûs voraussetzt,[2]) so muss man zur erklärung der verkürzung annehmen, dass ûs gestossen betont war. Mithin muss der plur.
mit dem der ersten gruppe übereingestimmt haben; der sing.
aber verrät sich schon durch seine völlige einförmigkeit als
ausgeglichen. Man wird als folgendes paradigma als ursprünglichstes aufstellen dürfen:

sing.		plur.	
n.	dẽvas	n.	dẽvaĩ
g.	dẽvo	g.	dẽvū
d.	dẽvui	d.	dẽváms
a.	dẽvą	a.	dẽvùs
i.	dẽvù	i.	dẽvaĩs
e.	dẽvè	e.	dẽvûsè
v.	dẽvè		

Von den je-stämmen haben diejenigen, die im nom. auf
ẏs endigen, von diesem kasus abgesehn, auch noch im voc.
und loc. sing. immer endbetonung, und zwar selbst in der
klasse, die sich sonst der schon vereinfachten dritten der e-
stämme anschliesst. Da der loc. nach den ei-stämmen ge-

---

[1]) cf. seite 48.
[2]) cf. gerûs-ius.

_____46_____

bildet ist, bedarf seine betonung keiner erklärung. Für die
beiden anderen kasus dagegen wäre die annahme einer analogie unbegründet. Man wird daher gaidȳs neben dēvas und
gaidȳ neben dēvi als eine ursprüngliche eigentümlichkeit eines
teils der *ie*-stämme annehmen müssen. Diejenigen *ie*-stämme,
die im nom. sing. auf is endigen, betonen im sing. nur im
instr. die endung, im plur. im gen. und acc. Der loc. sing.
und plur. sowie der dat. und instr. plur. haben offenbar nicht
die ursprüngliche betonung, die bei dem nach den *ei*-stämmen
gebildeten žȯdyje doch dem vorbild entsprechen sollte, die
bei žȯdžiûse žȯdžiais und žodžiam doch auch in auffälliger
weise dem sonst gleichgebildeten dēvûsė gaidžiûsė etc. wider-
spricht. Die wurzelbetonung des nom. u. voc. sing. žȯd s
žȯdi dagegen hat als eine dem suffixablaut entsprechende ein
recht darauf, für ursprünglich gehalten zu werden.

Das lautliche verhältniss zum idg. dürfte etwa folgendes
sein:

nom. sing.
Der nom. sing. der e-stämme, dēvas, entspricht dem idg.
* *dēįyos*. Von den *ie*-stämmen deutet žȯdis auf die idg. endung
* *-is*, also eine tiefstufenform wie im lat. alis neben alius.
Eine gleiche annahme für gaidys wird durch den schleifenden ton unmöglich gemacht. Abgesehn vom accent zeigen
žȯdis und gaidȳs offenbar dieselbe suffixdoppelheit -i- [-ie,
-io-] und -ī- [-ije-, -ijo-], wie got. harjis [1]) und hairdeis. Die
festgeregelte unterscheidung der got. typen lässt keinen
zweifel daran aufkommen, dass die länge der wurzelsilbe die
trennung veranlasst hat. Vielleicht darf man nun im ver-
trauen auf die ursprünglichkeit des fast nie täuschenden lit.

accents und im hinblick auf ai. तृतीयस् annehmen, dass
nach langer wurzel auch eine endung * *ijos* mit betonung des
sonantischen i vorkam, was bei * *jos* eben nicht möglich war.
Wenn sich hieraus nach schwund des o * *ijs* entwickelte, so
war die folgende stufe notwendig * *īs*. Mehr als eine der-

---

[1]) vorausgesetzt, dass j aus anderen kasus mit -jo-, -je- entlehnt ist,
was im hinblick auf die adj. wie brūks etc. wohl mit recht angenommen wird.

artige, unsichere vermutung ist wohl kaum möglich, wenn
man nicht einfach eine entlehnung des lit. accents annehmen
will. Dann aber käme nur der voc. sing. gaidȳ in betracht,
der als form des rufs in die ferne ursprünglich sein kann.
Ob es wahrscheinlich ist, mag dahingestellt bleiben.

Der acc. sing. dḗvą weist auf die idg. endung *-o-m, <small>acc. sing.</small>
gaídl̥ wie zōdl̥ auf *i-m.

Der voc. dḕvè ist im I. abschnitt besprochen worden. <small>voc. sing.</small>
Gaidȳ kann sich zu žōdi verhalten wie gr. ἰχθῦ zu ai. मत्स्यु्
u. a. Der gen. sing. dḗvo geht wohl auf den idg. ablat.
*déi̯u̯ād zurück. Die endung *ād wird wegen des schleifen-
den tons als kontraktion von o und ad anzusehen sein.
Eine endung *ōd, ist nicht haltbar, da das lit. dann ů haben
müsste, worauf schon Mahlow aufmerksam gemacht hat.[1]

Der dat. sing. dḗvui mit schleifendem ton[2]) der endung <small>dat. sing.</small>
entstand aus älterem *dḗvůi, dieses aus idg. *dei̯u̯ōi. Die
dialektischen dat. auf -ů[3]) weisen auf eine idg. endung *-ō,
die vielleicht(?) eine sandhiform zu *ōi̯ war. Die kürzung
der dat. endung mnss später erfolgt sein als die der endung
-ōi̯s des instr. plur. [dḕvaîs], da ō schon zu ů geworden
war.

Die nach dem gr. οἴκοι οἴκει anzusetzende idg. loc.-endung <small>loc. sing.</small>
*ei̯ -oi̯ ist in namḕ erhalten. Dḕvè setzt eine endung -e
oder -ē voraus. Da für e jede erklärung fehlt, wird man ē
annehmen müssen, dessen dehnstufe durch den schwund von
i erklärt werden kann. Die ei̯-stämme haben sich den ei-
stämmen angeschlossen: gaidyjè wie naktyjè.

Der instr. sing. dḕvů kann auf idg. *dei̯u̯óm zurückgehn, <small>instr. sing.</small>
dessen dehnstufe auf älteres *dei̯u̯·ó-mo oder eine ähnliche
form deutet.

Der nom. plur. dḕvaî hat verschiedene deutungen er- <small>nom. plur.</small>
fahren. Nach Brugmann ist die pronominalendung ange-

---

[1]) cf. Hirt IF I 24 f. Kretschmer KZ 457 f.
[2]) cf. paskuî.
[3]) Zubatý, arch. XIII 602.

nommen worden. Dagegen spricht der schleifende ton.[1]
Nach J. Schmidt ist ai eine kontraktion der neutralendung
ä und einer partikel i. Hirt setzt die idg. endung *oi̯* an,
die betont zu lit. *ě*, nnbetont zu ai werden soll. Der schleifende
ton soll von der ursprünglichen endung ös übertragen worden
sein. Da die endung des nom. plur. im lit. aber den wortaccent hat, die übertragung des schleifenden tons zudem im
hohen grade unwahrscheinlich ist, da man eine endung meist
so annimmt, wie man sie hört, also mit dem ihr eigenen
ton, so ltblei J. Schmidts hypothese als einzig annehmbare
übrig. Sie erklärt die accentqualität und die endbetonung:
lit. eżeraí: eżeras = russ. oзepá : óaepo = serb.-kroat. jezèra :
jȅzero.

gen. plur. Der gen. plur., dĕvū, entspricht dem idg. *dei̯u̯óm* mit
schleifendem ton.

acc. plur. Der acc. plur dĕvùs setzt älteres *dĕvū́s voraus.[2] Nach
Brugmann ist eine unmittelbare zurückführung auf idg.
dei̯u̯óms nicht zulässig, da öns zu lit ans geführt haben
müsste [3]

Er nimmt daher eindringen des ů u aus anderen kasus,
zunächst dem loc. plur., an. Zubatý[4] denkt im hinblick auf
dialektische loc. plur. wie vargunze an die umgekehrte be-
einflussung. Das ůs des acc. soll ebenso auf -ôns zurückgehn wie *é* in *mésà* auf ēns (*mēnsa); Brugmann's regel
über die kürzung langer vokale vor *i̯* oder nasal + geräusch-
laut wäre dann nicht mehr ganz zutreffend Ein zweiter
vorschlag, den Zubatý macht, dĕvùs auf einen idg. nom. pl.
*dei̯u̯ōs (wie got. dagos) zurückzuführen, kann nicht ange-.
nommen werden, da os in got. dagos auf schleifenden ton weist

dat. pl. Der dat. plur. dĕváms weist auf eine idg. endung -o-
loc. pl. [mus], der loc. plur. auf die acc. endung ůs + ė, der instr.
instr. pl. auf idg. -ói̯s aus -ó-oi̯s.

---

[1] gr. τοί, oἱ.
[2] cf. gerůs-ius.
[3] grundr. I 466. II 674.
[4] arch. XV 509.

Im slav. sind von *e*· *ei*- und *eu̯*-stämmen nur noch die fem. der *ei*-stämme als deutlich geschiedene deklinationsklasse erhalten. *e*· und *eu̯*-stämme sind zusammengefallen, und von masc. *ei*-stämme hat sich nur das russ. путь = asl. нѫть nicht wie die andern der *i̯e*-klasse angeschlossen. Das russ. hat bei den fem. *ei*-stämmen bis auf zwei der *ā*-deklination entlehnte formen (dat. u. loc. plur.) das ursprüngliche paradigma regelrecht fortgesetzt. Die alte form. des instr. plur. wird zwar auch meistens durch eine den *ā*-stämmen entlehnte ersetzt, ist aber immerhin noch bei manchen wörtern in gebrauch.

Von d :sen kasus lassen sich 7 ohne lautliche bedenken auf dieselue form wie die entsprechenden lit. kasus zurückführen, ˉ enn auch bei dem vieldeutigen и von nicht mehr als der möglichkeit geredet werden kann:

		asl.		lit.		
n. s.	ночь	ноціь		naktis	*-*is*
v. s.	[nóći]	ноцін	„	naktë̃	*-*ei*
a. s.	иочь	ноціь	„	nãktį̆	*-*im*
g. s.	нóчи	ноцін	„	naktḗs	*-*eis*
n. pl.	пóчи	ноцін	„	nãktys	*-*īs*
a. pl.	нóчи	ноцін	„	naktìs	*-*ĭns*
i. pl.	ночьмíи	ноцінѣини	„	naktimìs	*-*imìs.*

Der dat. sing. ночи asl. ноцін kann ursprünglicher instr. wie ai. जती etc. sein; der loc. sing. ноцін kann auf idg. -*ei̯* oder -*ē* zurückgehn (cf. lit. szalė̃) wie ai. सुये; der instr. nóчью asl. ноцінѣѭ ist wohl eine neubildung nach рѫкоѭ, während der des masc. путéмъ im anschluss an das dem lit. entsprechende нѫтьѩ̈ь gebildet sein wird. Der gen. plur. ночéй asl. ноцінй ist nach кραй gebildet, der dat. und loc. pl. почámъ почáхъ ist der *ā*-deklination entlehnt.

Die slav. betonung ist nach dem zeugnis des russ. und serb-kroat. eine derartige, dass der accent im sing. auf der wurzel ruht, nur im loc. bei einer reihe von wörtern auf der endung, im plur. dagegen nur im nom. acc. auf der wurzel, z.ʼ b.: Betonung im slav.

4

russ.	serb-kroat.
sing.	sing.
n. кость	kȫst
g. кости	kòsti
d. кости	kòsti
a. кость	kȫst
i. костью	kòsti
l. костѝ	kòsti
v.	kòsti

plur.	plur.
n. кости	kòsti
g. костей	kòsti
d. костямъ	kòstima
a. кости	kòsti
i. костьмѝ	kòstima
l. костяхъ	kòstima

Ersichtlich ist die slav. betonung weit einförmiger als die lit. Von vergleichbaren plural-formen stimmen der nom. und instr. überein, nicht aber der acc. Es steht aber nichts im wege, den acc. кости für einen ursprünglichen nom. zu erklären, falls die idg. endung īs als thatsächlich angenommen werden darf. Das einzige masc., das sich erhalten hat, das russ. путь, betont im nom plur. die endung. Es wird sich nicht entscheiden lassen, ob hier die acc.-form vorliegt, oder ob das vereinzelte пѫтиіе sich der mehrzahl angeschlossen hat. Dass man dann trotz кости doch путѝ betont, könnte sich dadurch erklären, dass bei diesem worte stets die lezte silbe den accent hat. Sollte sich in путѝ eine ursprüngliche betonung erhalten haben, so wäre der theoretisch angesetzte unterschied *ɛīs und *éjes in кости und путѝ noch erhalten.

Im sing. würde man nach den ablautsverhältnissen im gen. dat. instr. und loc. den accent auf der endung erwarten, nach dem lit. in allen kasus ausser dem dat. und acc. Thatsächlich ist aber nur der loc. bei einer allerdings beträcht-

lichen [1]) zahl von substantiven endbetont, und auch bei diesen
liegt der gedanke noch nahe, dass der einfluss der im russ.
stets endbetonten loc. auf y mitgewirkt habe. Andrerseits
finden wir aber beim russ. masc. путь sowie bei den zahl-
wörtern пять шесть семь восемь девять десять in allen
obliquen kasus endbetonung, [2]) und im čak., wo das paradigma im allgemeinen noch einförmiger ist als im russ.,
kommen doch noch vereinzelte fälle der endbetonung vor
wie bei boll, gen. sing. zu bȏl, neben bòli; noćl, dat.
und loc. zu nȏć und anderen.

Demnach ist es wahrscheinlich, dass die russ-serb. paradigmata eine zwar frühzeitig begonnene, aber im urslav. doch
noch nicht völlig durchgeführte ausgleichung zeigen.

Beim instr. des russ. путёмъ wird man annehmen dürfen,
dass die betonung eine durch den schwund des auslautenden
ь veranlasste neuerung ist, wie bei lit. naktiũ neben naktimi.
Die möglichkeit dieses schwundes vorausgesetzt, selbst wenn
die endung betont war, könnte ночь auch die naktis entsprechende betonung gehabt haben. Aber das lit. selbst
macht hier durch seinen widerspruch zum suffixablaut nicht
den altertümlichen eindruck, den es sonst hervorruft. Wie
es freilich zu der auffälligen betonung gekommen ist, wird
sich schwer feststellen lassen. Vielleicht ist es kein zufall
dass mit ausnahme der e-stämme und der je-stämme wie žȏdis
ein beweglicher accent nur bei substantiven vorkommt, die
im nom. sing. endbetont sind.

Die alten eu-stämme sind bekanntlich im modern-slav. eu-stämme
mit den e-stämmen zusammengefallen.
im slav.

Die praktische russ. grammatik unterscheidet drei fälle
des accentwechsels:

---

[1]) im russ. bei etwa 30 wörtern, im serb.-kroat. nach Maretić bei
einer grösseren zahl als im russ.

[2]) Dass man пятью два, 5×2, betont, wird dadurch entstanden sein,
dass пятью vor dem stark hervorgehobenen два zunächst ganz ohne
accent gesprochen wurde. cf. nhd. einmaléins.

4*

1. Der accent steht im nom. auf der wurzel, in allen anderen kasus auf der endung, z. b. быкъ, быка́ etc.

2. Der accent steht im sing. auf der wurzel, sonst auf der endung, z. b. панъ, па́на etc. pl. паны́ etc.

3. Der accent steht im sing. und im nom. plur. auf der wurzel, sonst auf der endung. z. b. кузъ, ку́за etc. pl. ку́зы, кузо́въ, куза́мъ etc.

Von zwei formen der *eu*-stämme, die zwar häufig in gebrauch, aber doch nicht allgemein geworden sind, dem loc., sing. auf y und dem gen. sing. auf y, ist erstere stets endbetont, entsprechend dem idg. suffix * -*ēu̯*, letztere zuweilen. Nach dem suffixablaut *eu̯-s* und dem lit. (sūnaūs) würde man auch hier immer endbetonung erwarten. Vielleicht hat man aber eine unterscheidung vom loc. gesucht. Abgesehn von diesen beiden formen nun, sind stets endbetont, soweit es sich um substantiva mit beweglichem accent handelt:

1. der gen. plur. auf -óвъ aus der *eu*-deklination. Die form ist nach dem nom. сынове gebildet, dessen betonung nicht festzustellen ist. Der accent des gen. spricht jedoch für die dem ablaut * *eu̯es* entsprechende accentuierung. Ist dies richtig, so wäre auch der theoretisch angesetzte unterschied von *:ūs* und *éu̯es* im lit. sūnūs und asl. сынове erhalten, wie der von * *:ūs* und * *éu̯es* eventuell in asl. ноцⷠи und патнⷠе

2 der dat. instr. loc. pl. von den *ā*-stämmen.
Betont und unbetont stehen nebeneinander:
1. der nom. plur. auf ы aus idg. *-ōns.
Für den acc. stimmt er bei endbetonung mit dem lit. überein. Die wurzelbetonung geht vielleicht auf das bei weichen stämmen erhaltene и zurück.

2. der gen. sing. auf a = idg. * ād.

3. der dat. sing. auf y, vielleicht = loc. sing der *eu*-stämme;

4. der loc. sing. auf ѣ = idg. * *ej (oi)*.

5. der instr. sing. auf омъ = idg. * *omi*.

Für den dat. und loc. sing. wäre nach den ablautsver-

hältnissen stete endbetonung zu erwarten, für den instr. betonung des *i*. Dem loc. auf *ъ̀* entspricht lit. namḗ. Der gen.
ist im lit. stets wurzelbetont. Ob die ausgleichung im slav.
oder lit. vorliegt, läst sich kaum entscheiden.

Es ergiebt sich also bei den *ej*- und *eu̯*-stämmen eine
den *ā*-stämmen entsprechende scheidung starker und schwacher
kasus,[1] bei den *e*-stämmen nicht mehr im gleichen umfang.
Man wird dies nach dem sonst so altertümlichen lit. für
einen weit zurückreichenden zustand halten dürfen, also annehmen können, das die *e*-stämme schon im idg. mehr durch
ausgleichung gelitten als die anderen.

---

[1] sūnùs ist wie naktis zu beurteilen.

III.

ū-stämme und konsonantische stämme.
Dualformen.

Lit. Die spärlichen reste dieser deklinationsklassen, die das lit. bewahrt hat, zeigen hinsichtlich der stelle des accentes dieselbe betonung wie die *ej*-stämme. Dass sie auch von diesen ausgegangen, nicht etwa das umgekehrte vorliege, wird man annehmen müssen, weil auch die kasusendungen der *ej*-deklination die der *ū*-stämme sowie die der konsonantischen fast ganz verdrängt haben. Mithin kann das lit. für diesen teil der nominalflexion nicht zu sicheren rückschlüssen verwandt werden, wenn es auch nicht ausgeschlossen ist, dass sich altes erhalten hat, das mit neu entlehntem zusammenfallen musste, wie z. b. die betonung des gen. sing. akmeñs (aus * akmenės) mit der von naktiě́s.

slav. Etwas zahlreicher sind die *ū*-stämme sowie die konsonantischen im slav. Aber auch hier haben sie einen so starken einfluss von seiten anderer klassen erlitten, dass sich die ursprüngliche betonung kaum wird erschliessen lassen. Gemäss der im slav. herrschenden tendenz, die ursprüngliche verteilung nach dem stammsuffix durch die nach dem genus zu ersetzen, haben sich die hierher gehörigen substantiva im allgemeinen soweit wie möglich der innerhalb des gleichen geschlechts dominierenden zahl angeschlossen. Demnach werden *ū*-stämme und *er*-stämme wie weibliche *ej*-stämme dekliniert, *es*- und *ent*-stämme wie sächliche *e*-stämme, *en*-stämme teils wie masculina mit sogen. weichem endkonsonanten, teils wie neutrale *e*-stämme, also:

russ. це́рковь und мать wie кость,

„ небо, ребя́та (pl.) wie лѣ́то (лѣта́)

„ ка́мень wie конь, вре́мя wie лѣ́то.

Das stammsuffix ist allerdings zum grossen teil erhalten, aber mit den endungen der vokalischen stämme verbunden, z. b. der plur. von russ. не́бо: небеса́, небе́съ, небеса́мъ, небеса́, небеса́ми, небеса́хъ.

Wie zu erwarten, ist demgemäss auch die betonung der führenden klasse im allgemeinen durchgedrungen. Eine aus-nahme liegt vielleicht bei dem plur. auf гане vor, deren stammsuffix im russ. oft betont ist, wenn es auch im sing· nicht den accent hat, z. b. nom. sing. граждани́нъ oder гра́жданинъ, nom. pl. гражда́не. Im serb-kroat. ist der accent unbeweglich: grȁđanin grȁđāni. Die betonung гражда́не mag jedoch auch von den substantiven ausgegan-gen sein, die dem accent im sing. und plur. auf dem suffix hatten, wie крестья́нинъ — крестья́не.[1] Da die form des plur. mehr als gewöhnlich von der des sing. verschieden war, konnte sich die vorstellung festsetzen, я́не mit dem ton auf dem suffix sei eine bestimmte pluralbildung. Dagegen sprechen jedoch die jüngeren ableitungen von städtenamen, wie Московитинъ,[2] die festen accent haben und dadurch die suffixbetonten plurale auf я́не als altertümlich kennzeichnen

Wie die konsonantischen stämme vor der annahme der vokalischen endungen betont waren, wird sich kaum fest-stellen lassen. Die einzige frage, deren beantwortung mir mit den heute zur verfüdung stehenden mitteln möglich zu sein scheint, ist die, ob neben der betonung der wurzel und des kasussuffixes, die jetzt herrscht, auch die des stamm-suffixes vorgekommen ist, entsprechend den ai. infinitiven auf धर्मे und a. formen. Für die es-stämme glaube ich es wahr-scheinlich machen zu können, für die anderen mag es vor-läufig dahingestellt bleiben. Die herrschende betonung der

---

es-stämme ist heute die, dass der accent im sing. auf der wurzel, im plur. auf der kasusendung steht. Die einzige ausnahme bildet das russ. колеса́ zu колесо́ (für älteres ко́ло nach dem plur. колéса gebildet), klr. колéса zu ко́лесо. Mareti̇́[1]) hält diese Betonung für eine analogiebildung. Nach Vostokov[2]) giebt es nämlich im russ. nur 6 neutra, die im sing. die letzte silbe betonen und im plur. die vorletzte, nämlich волокно́, полотно́, долото́, ремесло́, тенето́, колесо́, Mareti̇́, der einen derartigen accentwechsel in allen fällen für unursprünglich hält, nimmt nun an, dass die ersten drei ursprünglich zweisilbigen wörter ihre durch die svarabhakti veranlasste betonung auf die anderen drei übertragen hätten. Hierbei muss jedoch auffallen, dass nur колесо́ durch sein л anlass zu einer analogiebildung geben konnte, nicht aber ремесло́ und тенето́. Berücksichtigt man nun noch, dass dieser betonungswechsel auch beim klr. чересло́, перевесло́ коро́месло vorkommt, so kommt man eher zu der vermutung, das suffix ec habe den anstoss gegeben. Dafür, dass *es*-stämme einst das stammsuffix betont haben, sprechen auch die russ. ableitungen, die bekanntlich im allgemeinen den accent des zu grunde liegenden wortes festhalten. Nach Dahl's wörterbuch betont man: чуде́сный, чуде́сность, чуде́сить, чуде́сничать, чуде́сенье, чуде́сничанье, чуде́сникъ, чуде́сница, небе́сный, словéсный, словéсный, словéсность, словéсникъ, словéсница, словéсье, словéсить, словéспикать, тѣлéсный, тѣлéсность, колéсный, колéсчатый, колéсникъ, колéсниковъ, колéсничій, колéсина, колéсница, колéсня, колéска, wozu auch bulg. небéсенъ, чудéсенъ stimmt. Die ausnahmen sind: черевесы́ колесцóвы (mit колесцовни́къ, колесцовникóвъ, колесцовщи́чій) колесни́къ, колесови́никъ, колесóвица, колесéнькій, колесни́ца, колесни́чка. Dabei ist jedoch zu berücksichtigen, dass mehrfach verschiedene bedeutung zu abwei-

[1]) Rad CII 85. 3.
[2]) Русск. грамм. § 184.

chender betonung anlass gab, wie bei колесни́къ neben
коле́сникъ und anderen.

Man wird demnach annehmen dürfen, dass im plur.
коле́са ein rest alter betonung vorliegt wie im got.. dat.
agisa[1]) gen. rimisis neben dem gen. rîqizis etc.
Von den dualformen des lit. macht nur eine, die
des nom acc.) den eindruck der altertümlichkeit: vìłkú
ranki̇́ nakti̇́ etc., entsprechend den russ. plur. auf — á wie
глазá, берегá, bei denen freilich nicht ausgeschlossen ist,
dass sie sich den zahlreicheren kollektivbildungen wie домá
etc. angeschlossen haben. Die betonungsverschiedenheit
zwischen dem dat. und instr., z. b. nakti̇́m und nakti̇́m ist
wohl sicher durch die entsprechenden pluralkasus veranlasst, nakti̇́ms und naktims (für naktimis). Eine alte
genitivform existiert nicht mehr. Was im slav., vom slov.
abgesehn, an dualformen erhalten ist, genügt nicht, um einen
sicheren rückschluss zu gestatten. Dürfte man den spärlichen resten· serb-kroat. duale[2]) glauben schenken, so würde
man für den gen. der a-stämme betonung des kasussuffixes,
für den gen. der ej-stämme betonung des stammsuffixes annehmen müssen, rúkū aus idg. *ronkṓ̥s, kòstijū̀ aus idg.
*kostḗjo̥s. Nach allem wird kaum mehr als eine vermutung
gerechtfertigt sein, und zwar die, dass der dualis im balt-
slav. ursprünglich in allen kasus betonung des stammsuffixes
hatte.

---

[1]) cf. ags. eȝesa; ahd. egiso. egislih, egison. Andere deutungen, die
Brugmann, grundr. II 394. neben dieser vorschlägt, haben entschieden
weniger anspruch auf wahrscheinlichkeit.

[2]) Gj. Daničić, oblici hrvatskoga ili srpskoga jezika 10. 21.

Erklärung der Abkürzungen.

ablat. ablativus.
acc. accusativus.
ags. angelsächsisch.
ahd. althochdeutsch.
ai. altindisch.
air. altirisch.
arch. Jagić's archiv für slavische
philologie.
arm. armenisch.
asl. altslovenisch (altbulgarisch,
altkirchenslavisch.)
av. avestisch (zend, altbaktrisch.)
balt. baltisch.
B. B. Bezzenberger's beiträge zur
kunde der indogermanischen
sprachen.
bulg. bulgarisch.
čak. čakavisch. cf. seite 16, zeile
13 ff.
čech. čechisch.
dat. dativus.
engl. englisch.
franz. französisch.
gen. genitivus.
got. gotisch.
gr. griechisch.
idg. urindogermanisch.

J. F. Brugmann's und Streitberg's
indogermanische forschungen.
instr. instrumentalis.
klr. kleinrussisch.
K. Z. Kuhn's zeitschrift für ver-
gleichende sprachforschung.
lat. lateinisch.
lett. lettisch.
lit. litauisch.
loc. locativus.
nhd. neuhochdeutsch.
nom. nominativus.
osk. oskisch.
phon. stud. Vietor's phonetische
studien.
plur. pluralis.
poln. polnisch.
port. portugiesisch.
Rad. Rad. jugoslavenske Akade-
mije znanosti i umjetnosti.
serb.-kroat. serbisch — kroatisch
cf. seite 6 anm.
sing. singularis.
slav. slavisch.
slov. slovenisch.
urslav. urslavisch.
voc. vocativus.
W. S. B. Wiener Sitzungsberichte.

Sachregister.